文章添削の教科書

渡辺知明 著

芸術新聞社

文章添削の教科書

はじめに

添削とは、人の書いた文章に手を入れて直すことです。文章を書くことはあっても、人の文章に添削をすることは少ないでしょう。しかし、自分の文章を直したことはあると思います。なかなか直し方がわからなかったのではないでしょうか。

じつは、わたしたちは、いつでも添削をしているのです。そんなことを言うと意外に思われるかもしれません。ところが、添削は日常の世界にはあふれています。言葉を使う人ならば、あらゆる人に添削の能力が求められるのです。

添削で読む力が伸びる

添削というのは、ことばへの批評です。人は、他人のことばに単純にしたがうわけではありません。相手のことばを聞いたら、疑問をいだいたり、質問をしたくなります。たとえば、だれかが「世界は平和です」と言ったら、「世界とは何か?」「平和とは何か?」「だれが、そう思うのかな?」といった疑問を抱くものです。

人の話を聞くときばかりではありません。文章を読むときでもそうです。一文一文を読むとき、その言葉のまま意味を理解するわけではありません。相手の言葉どおりに暗記するのは学校の勉強くらいです。厳密に言うなら、書き手のコトバの体系と、読み手である自分のコトバの体系とは、まったくちがうのです。

添削というのは、人の書いた文章を自分のコトバの体系と共鳴するように書き直して理解することです。人の話を聞きながら「あっ、それはこれこれこういうことですね」と相づちを打つことや、文章を読みながら「あれ、こういう意味なのかな」などと独り言を言うのは、まさに添削の始まりなのです。

また、添削と外国語の翻訳とのあいだにも共通するところがあります。外国語の文章を自国語の文章に書き換えることは、外国語の書き手の言葉を翻訳者の個人的な言葉に置き換えることなのです。個人を抜きにした翻訳というものはありません。

ただし、大切なことがあります。自分勝手な添削をしないことです。相手の考えや思いを自分好みの解釈で置き換えてしまってはいけません。相手の言葉を正確に読んで、書かれたことと、まだ書かれていないこととの微妙なズレをとらえるのです。

日ごろのことばのやりとりでは、アイマイなまま通り過ぎてしまいますが、文章の表現では、そういうわけには行きません。そのズレをはっきりと言葉に書き示す必要があるのです。それが添削という作業なのです。

添削で書く力が伸びる

わたしはこれまで二十年以上、文章通信添削の指導を通じて、多くの人たちの文章を添削してきました。添削をするためには、文や文章の組み立て方を知らなければなりません。文がどのようなかたちで書かれているか、段落がどのような構造であるかを読みとることによって、目的に応じた書き換え方が可能になります。つまり、文のかたちと書くべき内容とを一致させるという作業が添削なのです。それがそのまま文章を書く能力になります。

文章の添削をするためには、いろいろな文章の読み方があります。この本でもいくつかの読み方を紹介しています。しかし、それらの作業を通じて、最終的にわたし自身が確信を持って言えるのは、添削は文章を理解する最も有効な方法だということです。それは文章を書く力そのものです。

わたしは今ではどんな文章でも添削せずには読むことができません。必ず、エンピツや赤ペンを手にして本に書き込みながら読んでいます。長いあいだ、一般の人の文章を始めさまざまな作家の文章を読んできました。その結果、どんなに有名な作家の文章でも、完璧な文章というものはないということがわかりました。

文章を理解するといっても個々人によってちがいがあります。そのちがいも添削という方法で表現できるのです。文章を批評的に理解することこそ、本来のコミュニケーションのあり方です。コミニュケーションとは、お互いに対等の関係です。

添削という作業も書き手と読み手とが対等の関係なのです。書かれた文章をまるごとそのまま理解して飲み込むということはあり得ません。そこには必ずお互いの個人的な解釈のズレが生じます。逆に言うならば、そこに読み手の創造性が働いているわけです。

添削で考える力が伸びる

人間はコトバを使って考えます。読むことも書くことも、当然、人間がものごとについて考えるかたちそのものです。ですから、添削は、読み・書きを通じて、人間とコトバとの関係、そもそも人間はどのように言葉のやりとりをするのかという人間の生き方の根本にまでかかわるテーマを扱うことになります。

とはいっても、添削で実行することは実に単純なことです。文章を書き直しながら読むという作業です。人が書いた文章を読んで、言葉を添えたり、不要な言葉を削り取るということです。理解できないままに、ただ人の言葉を暗記して受け入れるのではなく、自分にとって納得できるように言葉を書き換えながら文章を読んでいくという作業こそ本当の文章の理解なのです。

みなさんにも、日常のことばのやりとりやいろいろな文章について、添削者の態度で向き合っていくことをおすすめいたします。それによって、添削という技術の習得に限ることなく、文章を書くことや人の話を正確に聞くことや、さまざまなコトバの能力が育つことになります。この本は、まさに添削の技術について提供するとともに、みなさんのコトバの力を向上させるものだと信じています。

最後に、コトバ勉強に関する我が恩師のスローガンをあげておきます。

実行が実力を生む!
コトバの力は生きる力
コトバは一生かかって磨くもの

第3章 添削の技術

第4章 添削の実践

第5章　添削力を磨く

コラム **豆知識**

第1章

添削の心得

01 文章添削とはなにか

文章の添削とは何でしょうか。「添削」について、辞書には次のように書かれています。

「他人の詩文・答案などを、語句を添えたり削ったりして直すこと。」（『大辞林』第三版）

「詩歌・文章・答案などを、書き加えたり削ったりして改め直すこと。」（『広辞苑』第四版）

「文章・答案などをけずったり書き加えたりして直し、いっそう良くすること。」（『岩波国語辞典』第五版）

ところが一般には、誤字・脱字を直したり、助詞を入れ替えたり、文末を統一するくらいのことだと思われています。それでは文章の校正と大差はありません。校正は印刷するために原稿の誤りを正すことです。しかし、添削はより創造的な作業です。むしろ、文章添削は文章の推敲に近いものです。

実際に文章添削の講座などの添削例を見ると、文章の一部に傍線を引いて、コメントを書き加えるようなものがほとんどです。それは文章を直すことができないときの苦肉の策です。それも無理もないことで、添削のむずかしさを語るものです。しかし、実際に文章に手を加えるのでなければ、添削とはいえません。

文章添削の四つの目標

添削の原則は、日本コトバの会で提唱する「生きたコトバ」の四原則と同じです。

①正しく（はっきり）……正確さ

②わかりやすく（すっきり）……簡潔さ
③切れ味よく（くっきり）……明晰さ
④ふさわしく（ぴったり）……的確さ

①正しく

文章の内容と形式とを正しく整えます。内容を正しく表現するために、形式面から整えます。その結果、内容がはっきりするのです。

②わかりやすく

真理は単純なものです。すっきりわかりやすい表現を目指します。それによって読み手も文章の内容を理解しやすくなります。

③切れ味よく

いい文章には明快な感動があるものです。切れ味のいい包丁で切ったように、対象がくっきり浮かび上がる表現です。正確な論理構成が基本になります。

④ふさわしく

それぞれの文章には独自の性質があります。それに応じたふさわしい添削の仕方があります。文章の性質にぴったり合った直し方をします。

文章添削の三つの原則

文章添削の原則は三つあります。

①原文を正確に読むこと
②書き手の表現意図を読みとること
③書き手の意図にしたがう方向で直すこと

第一に、原文を正確に読むことです。一般の読者は、何が書かれているかを読みとろうとします。それに対して、添削者に必要なのは、一つ一つの文の内容を読むとともに、文の構造や文章の組み立てかたを読むことです。文章の意味と構造とは一体のものですが、あえて二つを区別して読むことが必要なのです。

第二に、書かれた文章を基礎にして、書き手の表現意図を読みとる必要があります。表現の不十分なところを訂正して、より正確な内容にするのです。未完成の文章については書き手に完成の方向を示します。ただし、その方向性はいろいろあります。あらかじめ決まった規則に当てはめて添削するのではありません。添削して文の一部を修正すれば、必ず原文の意味が変わります。それでも、できる限り書き手の意図を生かすのです。

第三に、添削はあくまで添削であって、原文の書き換えではありません。できる限り原文のながれを生かします。書き換えができるのは書き手自身だけです。添削者はいわば、文章の仕上げの黒子です。添削とは、「このような直し方がある」という提案なのです。

もちろん、はっきりと「これはまちがいだ」という場合もありますが、文章は生き物ですから、多様な可能性があるのです。

ひとつの直し方の見本を示して、書き手に直し方の提案をします。そして、次には、よりよい文章が書けるようにするという教育的な役割もあるのです。

添削のコミュニケーション

次ページの図は、文法学者の大久保忠利が考案したもので、言語を媒介にした人と人とのコミュニケーションを示すものです。「添削」とは、どのようなコトバのやりとりなのか、この図を参考にして解説します。図の用語を目で拾いながらお読みください。

右の人は文章の書き手です。「客観的対象（もの・こと）」を見て、自分の「コトバのアミ」を通じて「考え」を生み出します。「コトバのアミ」というのは、魚をとる網のように現実をとらえるコトバの体系です。「考え」は、「内言」という頭の中の「コトバ」ですすめられ、時にはもとの「考え」に逆戻りしながらコトバがつなげられていきます。

そのコトバのつながりが、口から出ると「話」になり、手で文字に書かれると「文章」になります。どちらも、「内言」に支えられた「外内言」です。

左の人は添削者です。「文章」を目で読んで、自分の「コトバのアミ」を通じて「考え」を組み立てます。分かりやすい文章ならば、「Aコース」を通って、書き手が考えた「客観的対象」にたどりつきます。

しかし、分かりにくい文章では「Bコース」を通じ

●——コトバの網と外内言行為

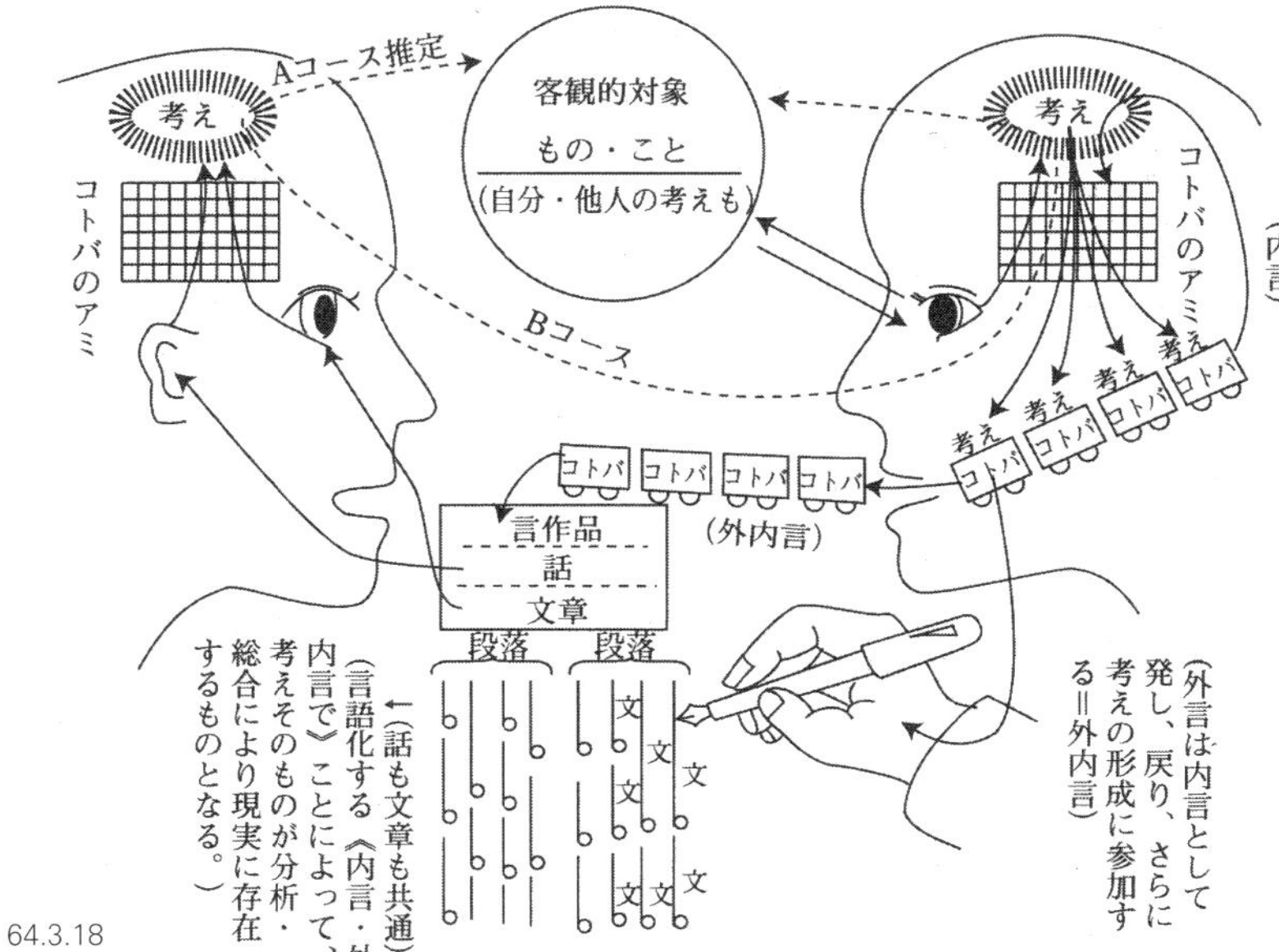

64.3.18
（大久保忠利考案）

て書き手の「考え」に入り込んで、相手の考えた「客観的対象」を想像するのです。

以上のように、添削の作業には、書かれた文章から直接、「もの・こと」を理解するAコースと、相手の考えを想像して、「もの・こと」を理解するBコースと、二つの道があるのです。

添削で文章力を鍛える

添削の作業は、文章作成において重要な役割があります。人の文章を直すのが添削で、自分の文章を直すのは推敲です。

文章を書きあげるためには、次のような三つの能力が必要です。添削は、そのうちの「推敲力」を育てるものです。

①構想力

一般の文章の本には、たいてい書かれています。どのような材料をもとにして、どのようにアイディアを生み出して、どのように文章の計画をするかということです。

②展開力

手順を追って実際に文章を書いていく能力です。メモを取ることから始めて、一文を書いて文と文をつなげて、段落を組み立てていきます。

③推敲力

文章は一度で書きあげられるものではありません。いったん書かれた文章を読み直して推敲します。その能力です。一般の文章の本には、推敲の方法について、ほとんど書かれていません。

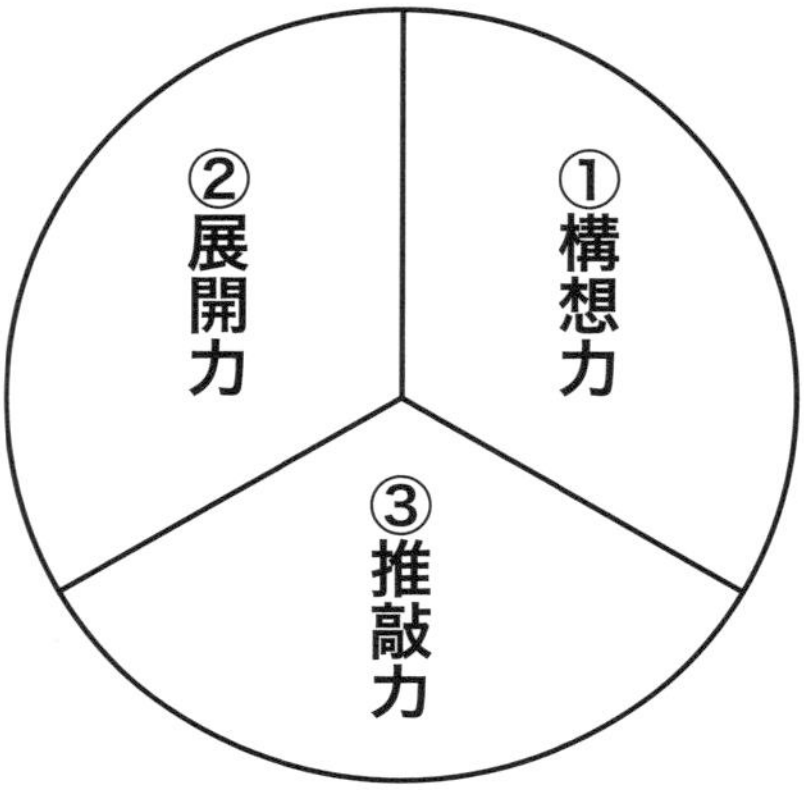

最初に書かれた文章は、まだ下書きに過ぎません。文章を仕上げるためには、どうしても推敲が必要です。それも一度ではなく何度か繰り返すのが当り前のことなのです。

しかし、自分で書いた文章を自分で直すのはなかなかむずかしいことです。それに対して、人が書いた文章に添削することはやりやすいのです。というのは、客観的な立場から文章が見られるからです。

文章を書く力を高めたい人は、人の文章を添削することによって、推敲力を鍛えることもできるのです。

豆知識

ことば・言葉・コトバ

言語を話題にする本では、「ことば」「言葉」「コトバ」など、いろいろな表記が使われています。およそ習慣的な使い分けができています。

「言語」について、言語学者のフェルディナン・ド・ソシュール（1857—1913）は、次のような使い分けをしています。言語全般は「ランガージュ（言語活動）」、英語で言うならランゲージです。それを二つに分けて、一つは、「パロール（言行為）」——話しことば・話すこととし、もう一つは、「ラング（言語体系）」——社会的に定まった言語の規範となる体系としています。

文法学者の大久保忠利は、ラングをさらに二つに分けています。一つは、「社会ラング（社会共有語）」として社会的な言語規範、もう一つ、「個人ラング（「コトバの網」）」として、個人が学習して身につけた個々人の言語体系とに区別しました。

つまり、「ランガージュ（言語活動）」とは、「パロール（言行為）」と「ラング（言語体系）」との二つを含んだ総合的なものです。

この本では、「ランガージュ」を「コトバ」、「ラング」を「言葉」と書き分けています。そして、「パロール」、つまり話しことばとして行われることは「ことば」としています。

以上、わたしの「コトバ」と「言葉」と「ことば」の使い分けですが、ほかの人たちの使い方を区別するときの手がかりにもなるでしょう。

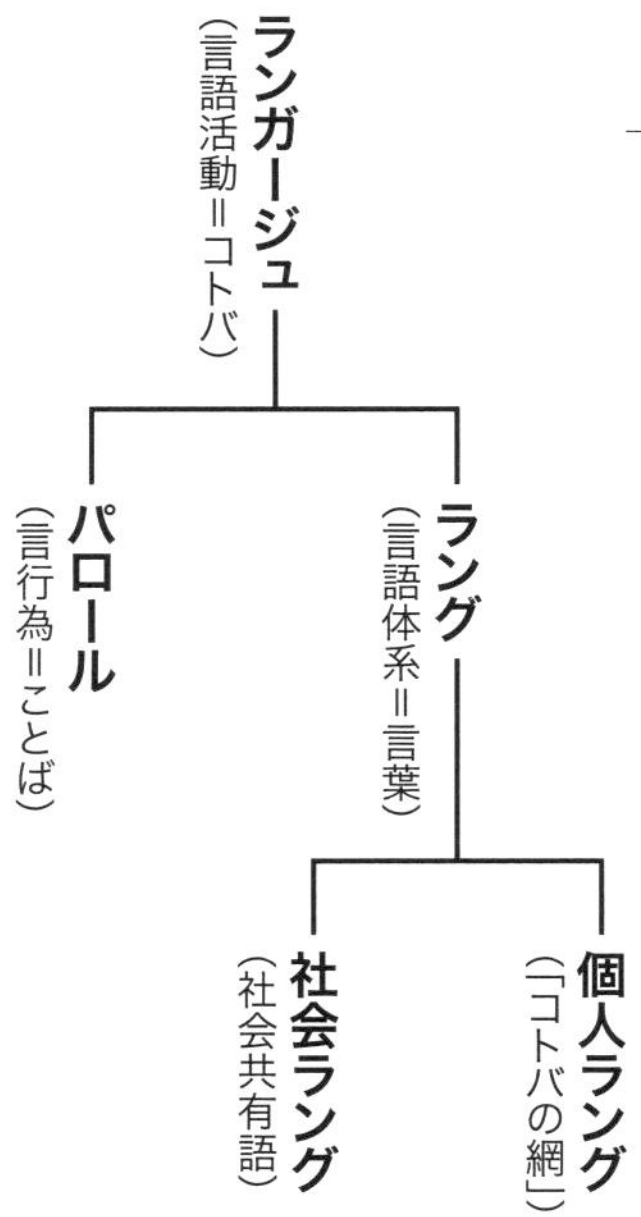

02

添削に必要な能力とは

添削には限界があります。あくまで原文があることを前提にした作業です。どこまでも受け身の仕事です。文章を書くことの全体から見ると、添削は文章を書きあげる仕事の三分の一を分担するにすぎません。また、原文を超えた内容を生み出すことができるわけではありません。

添削の仕事と書き直し

原文の単語のほとんどを別の単語と入れ替えたり、別の文に書き変えたり、別の段落を付け加えてしまったら、それはもう添削ではありません。書き直しということになります。

また、添削力とは、添削者の読解力と文章力とに依存するものです。添削された文章は、添削者の書く文章よりもすぐれた文章になることはありません。しかし、その逆はあります。元の文章を悪くしてしまうことです。ですから、添削者は日々たゆまず読解力と文章力を高める必要があります。

しかし、ありがたいことに、添削というものは、その二つの能力を同時に鍛えてくれる一石二鳥の作業です。何よりも大切なのは、真剣に原文と向き合って、誠実に文章を読んで、正確に直してゆくことなのです。

添削と推敲とは同じもの

じつは、文章を書く人も、多かれ少なかれ添削をしているのです。それは添削とは言わずに推敲と言います。文章を書き継ぐとき、常に推敲は行われています。一文を書いては書きあぐねて、次にどんな文をつなごうかと迷ったり、いま書いた文を読み返して書き直すという繰り返しです。

しかし、本人が自分の文章を直すことはなかなかうまくいかないものです。文章の書き方の本にはまるで簡単なことのように、推敲の方法が書かれています。「他人の目で自分の文章を見直そう」とか、「読み手の立場に立って読もう」とか言います。けれども、そう簡単にはできないことに、多くの人が気づいています。

それではどうしたらよいのでしょうか。そこで登場するのが添削です。自分の文章となると、なかなか客観的に読めませんが、他人の文章ならば距離をもって見られます。実際に他人の目で読むからです。まさに「岡目八目」です。しかも、文章を直すという目的がありますから真剣になります。

他人の書いたものですから、なおさら正確に読まねばなりません。そして、実際に手を入れなければなりません。それが文章を書く訓練になるのです。「情けは人の為ならず」というとおり、人の文章の添削をすることで、自分の文章も直せるようになります。ですから、編集者の中から書き手が育つというのは当然のことなのです。

文章全体を読むこと

添削に何よりも大切なのは読む力です。一文一文はもちろん、文章全体を正確に読むことです。文のかたちと内容、段落の組み立てと内容との関係をつかんで読むのです。原文には必ず、書き手の意図することと食いちがうところがあります。そこまで読み込みます。

そして、添削をしたら、原文との微妙なちがいを読みとります。原文がどう変化したか、その変化を読みとって添削の効果が確認できるなら、また次の添削が可能になります。

ただし、添削には限界があります。あくまで原文の意図に沿って直すという点です。書き手が意図しないことを書き加えたり、逆に、書き手が書こうとしながら十分に書き込めなかった内容をあっさり切り捨ててしまってはいけません。

不十分に書かれた文章だからこそ、正確に読むことが必要なのです。また、最初から順を追って一文ごとに読んでいけば、その部分ごとに添削できるというわけではありません。原文の文章全体の見通しも必要になります。しかし、一度に文章の全体を読みとるわけにはいきません。そこで、文章のどのレベルから添削するかという問題が出てきます。

文章添削の四つのレベル

添削するときには、一度に全体を見ようとすると、集中力が失われます。かといって、特定のレベルだけに注目すると全体が見えなくなります。

実際の添削においては、次の四つのレベルのいずれかに注目して、焦点を切り換えながら進めていくことになります。

①語えらび　的確な語句が選ばれているか。詞（名詞、動詞、形容詞などの自立語）と辞（助詞、助動詞などの付属語）

②文つくり　一つ一つの文の構造。単位文の組み立て、重文・複文・重複文の構造

③文と文とのつながり　文と文とのつなげ方、あるいは、文と文との論理的なつながり

④段落の関連づけ　段落と段落との論理構造

添削は、文章を形式面から操作することによって文章の内容の変化を見るという試行錯誤の作業です。原文を読んで意味が理解できないときや、意味が不明なときには、文のかたちを検討します。そして、語句を削ったり、加えたりしたら、意味がどう変わったか読み直して確かめます。そのとき、四つのレベルのいずれかに焦点を当てることになります。

第2章

添削の準備

03 文章全体を見わたす

いきなり添削を開始するのではなく、文章の全体をながめることから始めましょう。

原稿用紙の場合には、机の上に用紙を広げます。二枚以上あるなら、タテ二段に並べます。四枚以上あるならば、下の図のように田の字型にしてながめます。このようにしてながめた文章の第一印象が意外に大事なのです。

文章全体の見通し

次のような点について、ざっと確認をしましょう。細かい添削はそれから先のことです。

①文字づらの印象

漢字と仮名のまじり具合はどうか。漢字が多いか少

●——添削のときには田の字型に並べる

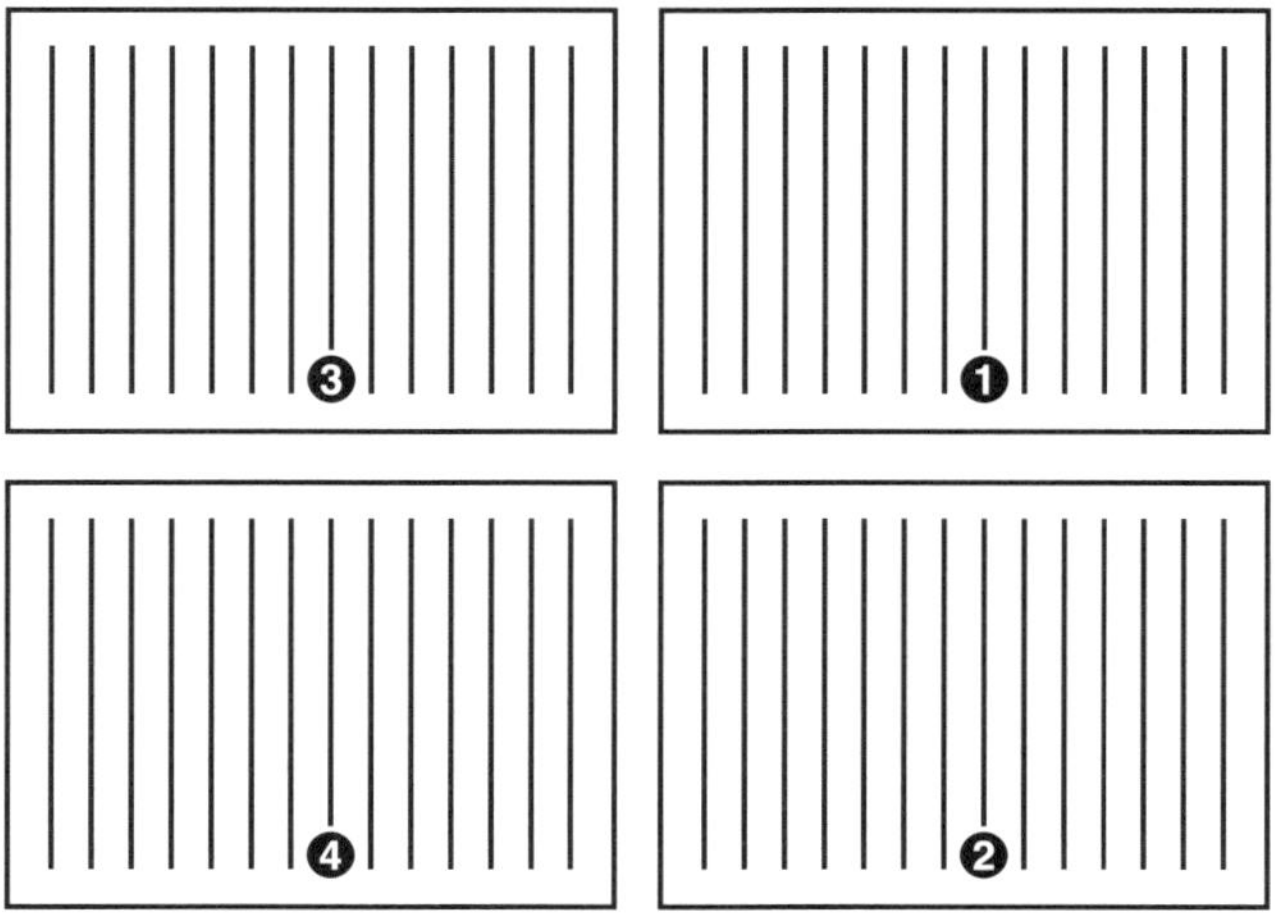

ないか。文章全体が黒く見えるか、白っぽく見えるか。

②文体を確認する

どのような文体で書かれているか。文末から判断します。基本的には、敬体（です・ます体）か、常体（である体）か、いずれかです。

③文章のジャンルはなにか

文章のジャンルによって添削の方向性が変わります。理論文か文学文か、左の表にしたがって確認しましょう。理論文か、仕事上での文章ならば、論文、レポート、提案書、企画書などです。また、生活上での文章ならば、随筆、エッセイ、小説、物語、感想文などです。

さらに、文章全体の調子について、公式の改まった書き方か、私的なくだけた書き方か、といった性質のちがいも考えます。

文章全体への手入れ

次は、添削のための準備作業です。

①題名と結び

題名（あれば副題）を読んでから、「書き出し」の一段落と、「結び」の一段落を読んでみます。チェックするべきポイントは、書き出しと結びが題名にふさわしいものかどうか、書き出しと結びとが対応しているかどうかです。

②形式段落の確認

形式段落ごとに、次ページの図のようなクランク形

●文章ジャンルの区分

文の性質	分類	文章のジャンル
理論文	実用の文章／仕事の文章	論文、レポート、提案書、企画書、反省文など
文学文	芸術の文章／生活の文章	随筆、エッセイ、小説、物語、感想文、記録など

●──段落に改行の印しを入れると段落構成が見える

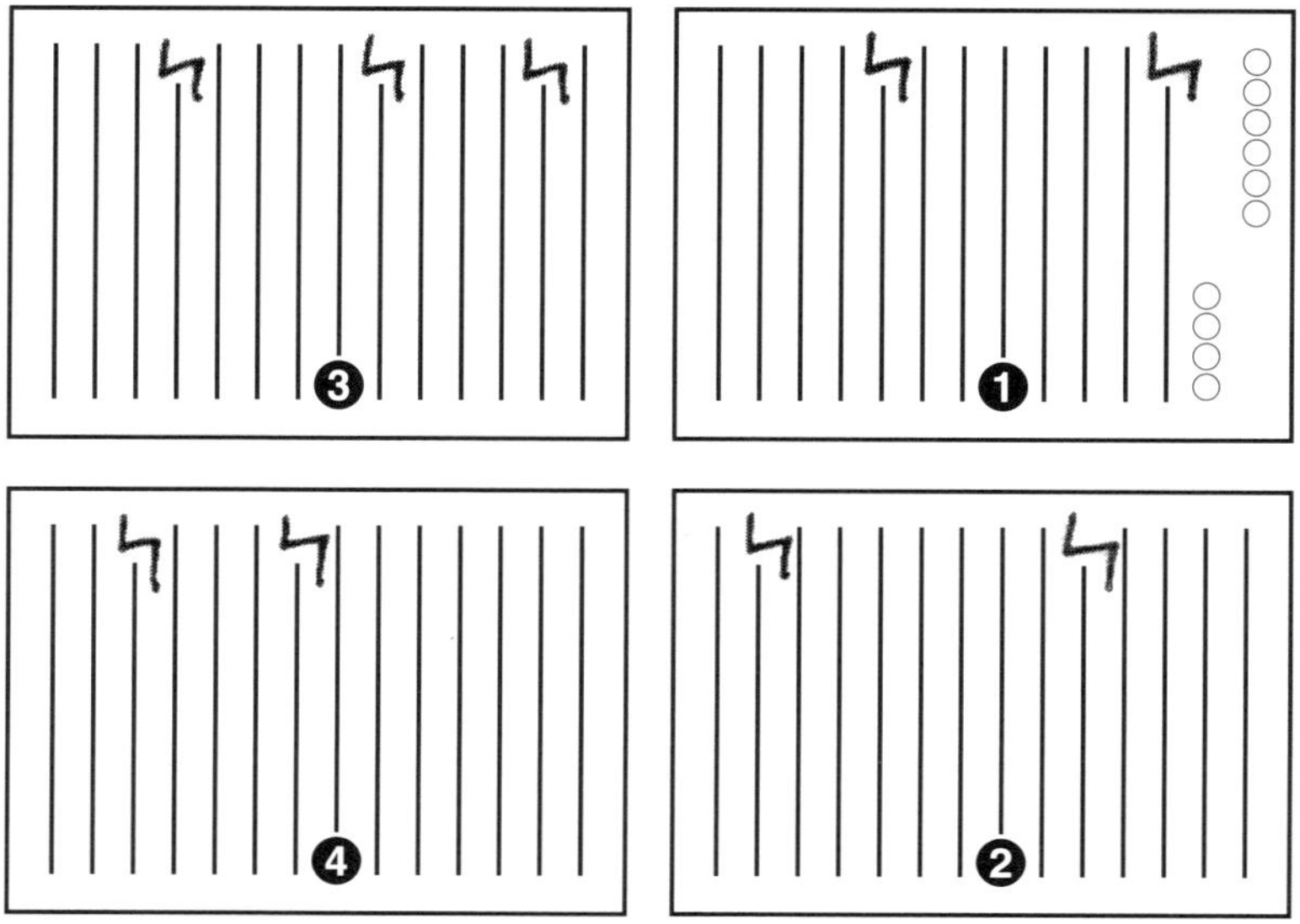

の印しを赤ペンでつけます。段落ごとに一文字ずつ下げてあるかどうか、段落の数、段落のバランス、つまり各段落が平均的な長さになっているかどうか確かめます。長さが平均していれば、文章の展開もバランスもよいということです。短い段落と長い段落の上にはチェックのVの印しを入れておきます。

③段落の長さを見る

一段落は百五十字から二百字くらいが目安です。長すぎる段落があれば、あとで細かく分けることが予想できます。短い段落が続くなら、いくつかの段落をまとめることを考えます。

以上のことをチェックしたら、すぐに添削にかからずに、しばらく全体をぼんやりながめているのがよいでしょう。目に付く単語を拾ったり、気になる段落の書き出しを一、二行読んでみます。

添削の作業には何よりも集中力が不可欠です。添削のスタートまで、心の準備をしましょう。

04 タテ書きのすすめ

最近の文章は横書きが多くなりました。パソコンが普及したためでしょう。メールや事務的な文章はたいてい横書きです。しかし、添削をするときには、タテ書きが向いています。

添削では見通しが大切です。今、見ている文章の先まで、できるだけ広く視野に入れておきたいのです。先を予測することで、部分ごとに文章が直せるのです。今、流行の「速読」も、そんな無意識の視野の広がりを取り入れています。

横書きとタテ書きのちがい

横書きよりもタテ書きの方が、文章全体の見通しがよいのです。横をタテにするだけで、文章が能率よく読めます。熊谷高幸著『タテ書きはことばの景色をつくる　タテヨコふたつの日本語がなぜ必要か？』に、実に丁寧にタテ書きと横書きとの比較が書かれています。まず、タテ書きと横書きの視野の差があります。ながめたときに文章の見通しがまるでちがうのです。

人間の二つの目が横並びなので、横書きでは横長の視野が見にくくなり、タテ書きでは、円形に近い視野になるそうです。たしかにそうです。上の図は視野角度を示しています。左右とも視野は一〇〇度ですが、上下では上六〇度と下七〇度です。左右の視野の方が広いのです。

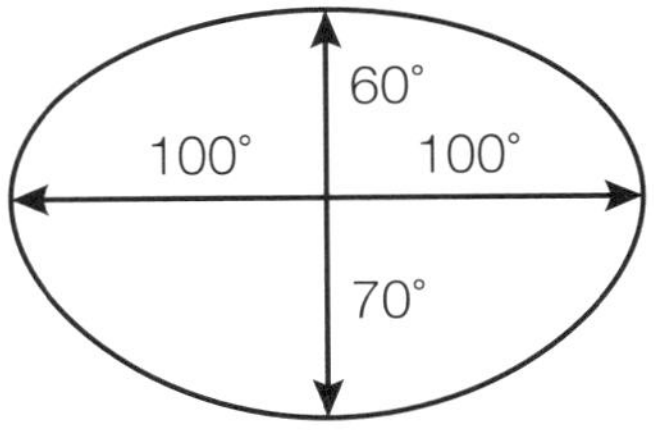

●――人間の視野のかたち

また、左の図「雨ニモマケズ」のタテ書きと横書きの比較をご覧ください。タテ書きでは六行まるまる視野に入るのに、横書きでは三行くらいしか視野に入りません。実際に確かめてみてください。

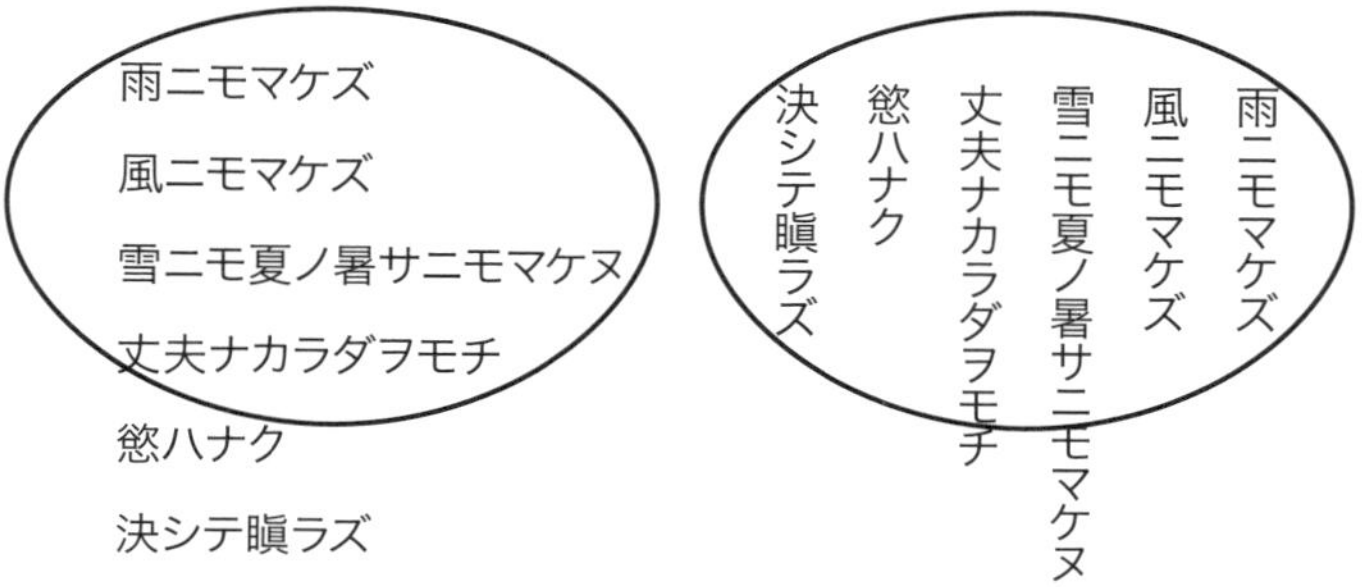
雨ニモマケズ
風ニモマケズ
雪ニモ夏ノ暑サニモマケヌ
丈夫ナカラダヲモチ
慾ハナク
決シテ瞋ラズ
雨ニモマケズ
風ニモマケズ
雪ニモ夏ノ暑サニモマケヌ
丈夫ナカラダヲモチ
慾ハナク
決シテ瞋ラズ

●――視野の形を賢治の詩のタテ・ヨコに当てはめてみる

というわけで、横書きに書かれた文章も、タテ書きにプリントし直すと、見通しがきくようになります。パソコンのテキストファイルなら簡単にできるでしょう。

わたし自身もウェブの情報はすぐにダウンロードして、テキストエディターでタテ表示に直してから読んでいます。まったく文章の見通しがちがいます。

タテ表示の体裁は、見開きの上下二段組にしています。ちょうど雑誌を読むようなつもりで読めます。ちなみに、この本も読み易さを重視して、あえてタテ書きにしているわけです。

横書きとタテ書きとの読み比べ

もう一つ、横書きとタテ書きの比較を用意しました。次ページの横書きとタテ書きとのどちらの見通しがよいか、テストするつもりで読み比べてください。

横書きでは、わたしは一行を読むのに目の移動が三回あります。それに対して、タテ書きでは二回ですみます。また、視野に入る行数は、横書きでは二、三行ブドリはその日からペンネン老技師について、すべての器械の扱い方や観測のしかたを習い、夜も昼も一心に働いたり勉強したりしました。そして二年ばかりたちますと、ブドリはほかの人たちといっしょにあちこちの火山へ器械を据え付けに出されたり、据え付けてある器械の悪くなったのを修繕にやられたりもするようになりましたので、もうブドリにはイーハトーヴの三百幾つの火山と、その働き具合は掌の中にあるようにわかって来ました。

じつにイーハトーヴには、七十幾つの火山が毎日煙をあげたり、熔岩を流したりしているのでしたし、五十幾つかの休火山は、いろいろなガスを噴いたり、熱い湯を出したりしていました。そして残りの百六七十の死火山のうちにも、いつまた何をはじめるかわからないものもあるのでした。

（宮沢賢治「グスコーブドリの伝記」）

竃猫《かまねこ》というのは、これは生れ付きではありません。生れ付きは何猫でもいいのですが、夜かまどの中にはいってねむる癖があるために、いつでもからだが煤《すす》できたなく、殊《こと》に鼻と耳にはまっくろにすみがついて、何だか狸のような猫のことを云うのです。

ですからかま猫はほかの猫には嫌われます。

けれどもこの事務所では、何せ事務長が黒猫なもんですから、このかま猫も、あたり前ならいくら勉強ができても、とても書記なんかになれない筈《はず》のを、四十人の中からえらびだされたのです。

大きな事務所のまん中に、事務長の黒猫が、まっ赤な羅紗《らしゃ》をかけた卓を控えてどっかり腰かけ、その右側に一番の白猫と三番の三毛猫、左側に二番の虎猫と四番のかま猫が、めいめい小さなテーブルを前にして、きちんと椅子にかけていました。

（宮沢賢治「猫の事務所」）

●――横書きとタテ書きの読み比べ

添削用Ａ４用紙のプリント例（20字×20行）

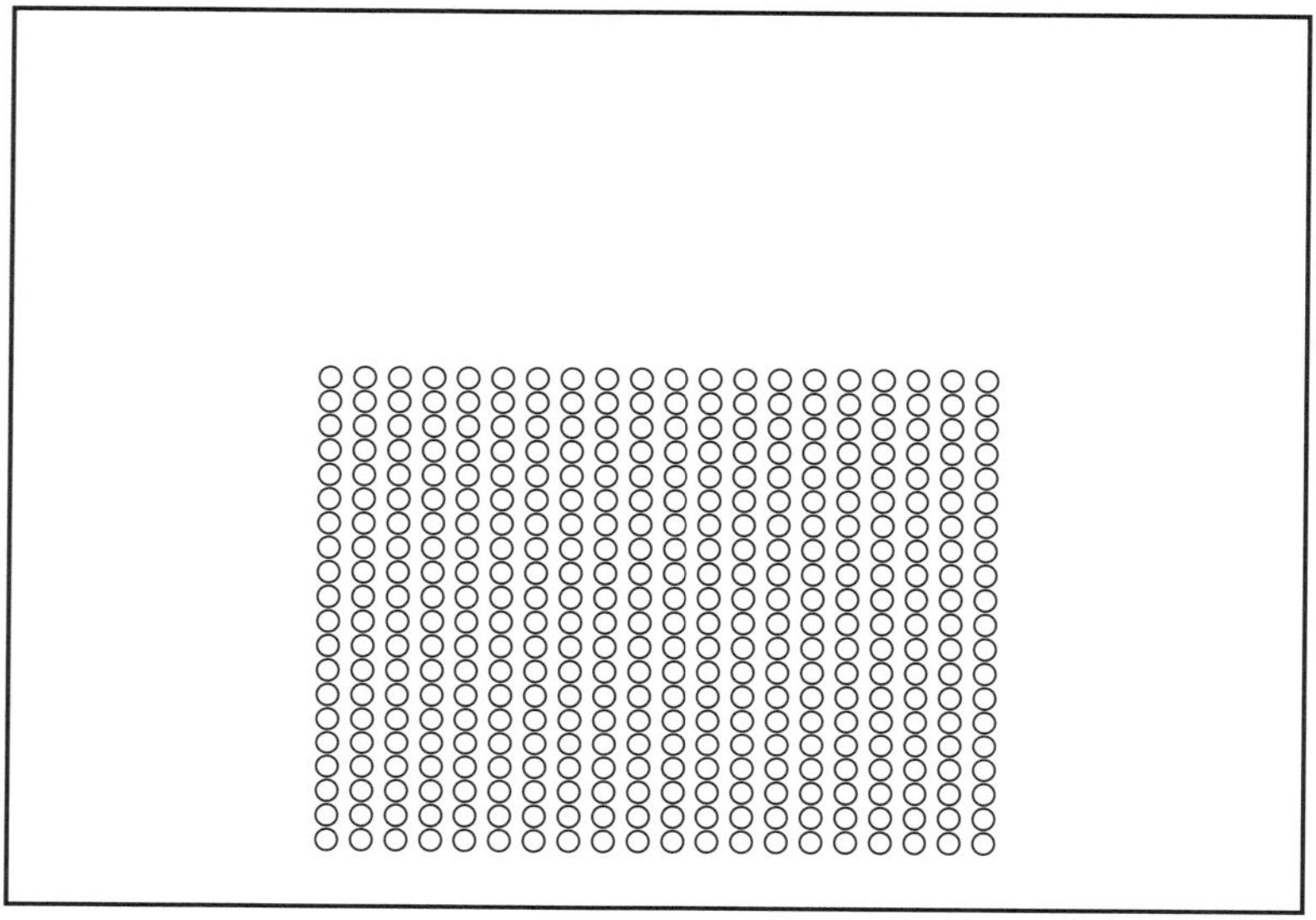

ですが、タテ書きならば六行くらいが入ります。

西洋の文字は横書きしかできませんから仕方ありません。日本語ではタテヨコ自由に書けるので、添削のときにはタテ書きにしましょう。日本の原稿用紙はもともとＢ４サイズの罫紙というタテに行の入った用紙にマス目をつけたものだそうです。日本の伝統的な文化にしたがっているわけです。

添削用のプリント見本

おすすめするのは四〇〇字詰原稿用紙の文字数の二〇文字二〇行です。これも慣習にしたがったものです。以前は、Ｂ４の用紙でしたが、今はＡ４用紙が普通なので、上の図のように紙の中央下に、左右を十分に開けてプリントします。上と左右に赤ペンの書き入れができるようになります。

05

文章展開を見分ける

添削の大前提になるのは、その文章がどんなジャンルのものなのか見分けることです。どんな文章でもかまわず、決まった基準で一律に直してはいけません。まず、理論文か文学文か、あるいは、実用文か芸術文かに区別します。（23ページ「文章ジャンルの区分」参照）

添削が必要なのは多くの場合、実用文です。具体的には、報告文、レポート、提案、企画などの文章です。それに対して、芸術文については、人に添削をたのむことは少ないでしょう。

実用文の中で報告と提案とでは、添削の方向が異なります。報告というのは過去の結果を、提案は未来の計画を示すわけです。さらに、報告は成果を示すこと、提案は可能性を示すのです。

文章展開の四種類

さて、次の問題は、文章全体の性質ではなく、文章の部分部分の書き方、いわば文章の展開のかたちです。ふつうの読み手は文章の内容を読みます。しかし、添削をするためには「文章のかたち」を読まなければなりません。テーマや意図ではなく、文章そのもののかたちです。

文章展開の四種類というのは、絵を描くときの筆のタッチの使い分けのようなものです。あらゆる文章に四つの展開の要素があります。文章のジャンルによって、それぞれの展開を使う割合が変わるのです。次のページの表をご覧ください。

文章展開の四種類

種類	定義	文例
①**物語**（ながす）	できごとや人物の行動について、時間のながれの順序でつなげていく。ながれには荒さと細かさとの程度のちがいがある。	みよは、右手の付根を左手できゅっと握っていきんでいた。刺されたべ、と聞くと、ああ、とまぶしそうに眼を細めた。ばか、と私は叱ってしまった。
②**描写**（見せる）	時間を止めて、空間や場面を見てわかることに限って、絵を描くように文で書く。文中には書き手の視点が設定される。	番小屋の外側は白と緑のペンキでいろどられていて、なかは二坪ほどの板の間で、まだ新しいワニス塗りの卓子や椅子がきちんと並べられていた。
③**説明**（示す）	文中の語句やものごとについて、理解に必要な知識を簡潔に書くこと。言葉ならば定義。事態については、コメント、注釈となる。	女中たちは、長兄が一番で、その次が治ちゃだ、と大抵そう言った。私は顔を赤くして、それでも少し不満だった。長兄よりもいいおとこだと言って欲しかったのである。
④**論証**（論じる）	命題となる考えについて、「なぜなら」という理由とその根拠を三段階に組み立てて論じる。論理的な接続語が使われる。	私はそのうち書こうと言ってやった。しかしなかなか書く機会が来なかったので、ついそのままになってしまった。けれども男の方では、むやみに催促を始めだした。

文学文は「物語」と「描写」

むかしの作家たちは小説について「説明と描写で書く」と言いました。たしかに「説明」も使いますが、「物語」を基本として「描写」と「説明」が使われます。

物語や小説では、時間のながれを「物語」で書いて、ときどき、時間を止めて「描写」をします。「物語」では、書いている時点からできごとをふりかえります。それに対して、「描写」では、できごとの場に書き手の視点をおいて、今、観察しているように描きます。

次の例は、最初の文がきっかけとなって、「すると」から「描写」になります。「わたし」に視点があって、今その場を見ているような書き方です。

わたしはその部屋に入った。すると、意外な情景が目に入った。窓のカーテンが揺れている。その下には人が倒れている。

こんどは、実際の作品を見ましょう。「物語」から「描写」に転換する例を、太宰治の作品「思い出」から引用します。最初の一文をきっかけにして二つ目の文から「描写」になります。「あたたかい」という感覚も心理描写の一種です。「ていた」「見えた」という状況の表現が描写の印しです。視点は「私」にあります。

①私たちは片隅の小さい潜戸をあけて、かこいの中へはいった。②なかは、ぽっかり暖かかった。③二三匹の黄色いあしながばちが、ブンブン言って飛んでいた。④朝日が、屋根の葡萄の葉と、まわりのよしずを通して明るくさしていて、みよの姿もうすみどりいろに見えた。

理論文は「説明」と「論証」

理論文は、おもに「説明」と「論証」で書かれます。ただし、実用文では、報告文や提案文などで、「物語」や「描写」を使うこともあります。たとえば、仕事の流れを時間の順序で書けば「物語」の展開になりますし、その場の状況をありありと見せたいなら、「描写」を使います。

●——**論理の三段構成**

①命題（意見）
（○○は……である）

↑↓

②理由
（なぜなら、○○は……からである）

↑↓

③根拠
（というのは、○○は……からである）

「説明」というのは、文中に出てきた言葉やものごとについての解説です。「描写」では、トキ・トコロの定まった「場」を想定して、目に見えるように描くのに対して、「説明」とは、目には見えない一般的な観念であり、考えて理解するものです。

論の組み立ての基本

「論証」とは、理論文の基本となる重要なものです。「立論」とも言われます。図のような三段がまえのつながりで上から下に組み立てます。

まず、命題（意見）があって、「なぜなら……から」という「理由」と、「というのは……から」という「根拠」による三段がまえの論です。次のような例があげられます。

ソクラテスは死ぬものだ。（命題）
なぜなら、ソクラテスは人間だからだ。（理由）
というのは、人間はすべて死ぬものだからだ。（根拠）

これは、三段論法の展開を逆にしたものです。考えながら文章を書くときには、このような順序がふつうです。

もとの三段論法は次のとおりです。カッコ内の記号は左の図をご覧ください。

●——三段論法の図

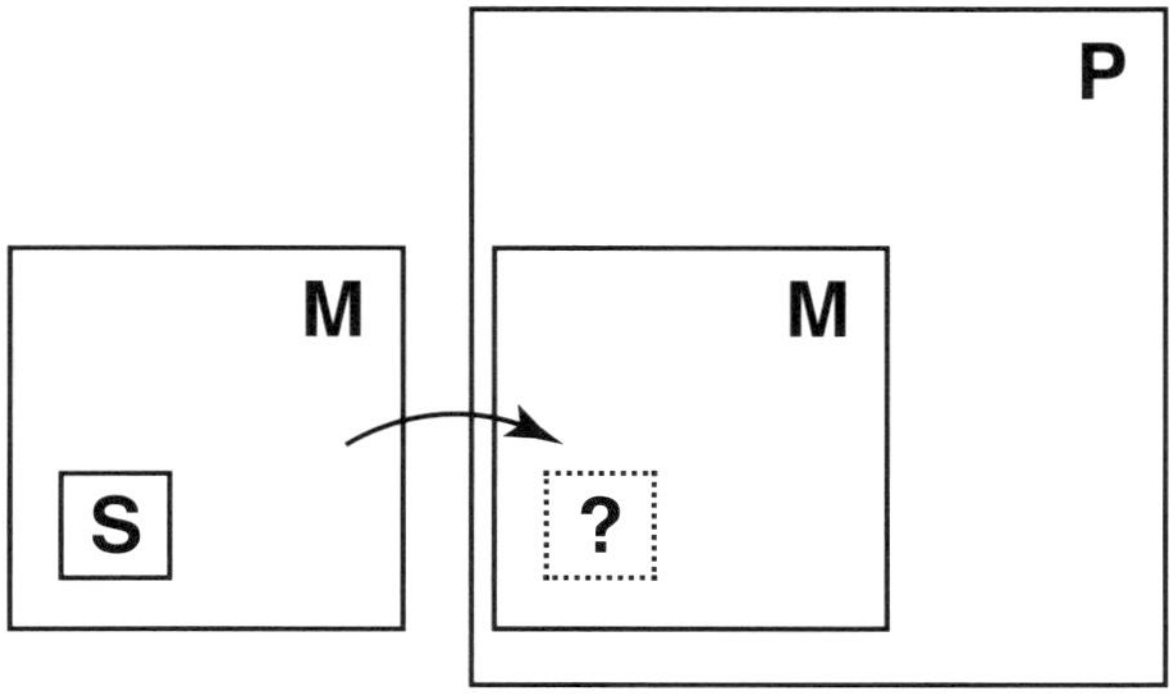

人間（M）はすべて死ぬもの（P）である。（大前提）
ソクラテス（S）は人間（M）である。（小前提）
ゆえにソクラテス（S）は死ぬもの（P）である。（結論）

さて、次の「論証」の展開の結論は何でしょうか。カッコ内にどの言葉が入るか考えてみてください。

ふで箱がカバンの中にある。
ふで箱の中にエンピツがある。
ゆえに、（　　　）は（　　　）の中にある。

これが論の組み立ての中心となって、理論文のさまざまな展開があります。とくに、接続語による組み立てが論の展開では重要です。

実際の文章の例として、夏目漱石「硝子戸の中《うち》」から引用しましょう。「説明」と「論証」による展開です。傍線の接続語に注目しながら読んでください。

しかしその時座にいた一人が、突然私の議論を引き受けて相手に向かいだしたので、私も面倒だからついそのままにしておいた。けれども私の代わりになったその男というのはだいぶ酔っていた。それで芸術がどうだの、文芸がどうだのとしきりに弁ずるけれども、あまり要領を得たことは言わなかった。

以上、文章展開の四種類について解説しました。文章展開の選択は、「生きたコトバ」の四原則のうち「ふさわしく」にあたります（13ページ）。それぞれの部分が文章のながれにおいて、四つの展開のどの部分に当たるのかによって添削の仕方がちがってくるのです。

さらに、四つの展開は、文章全体においては段落の役割として、使い分けられる場合もあります。つまり、物語の段落、描写の段落、説明の段落、論証の段落ということになります。

06

音読からわかること

添削をするときには文章を正確に理解して読まなければなりません。原文を正確に理解していなければ、自分勝手な添削をしてしまいます。どのような読み方をすればいいのでしょうか。

文章の読み方には、音読と黙読があります。声を出すのが音読、声を出さないのが黙読です。文章を読むときの音読と黙読とのちがいはどこにあるのでしょうか。

言語の四つの要素

言語には四つの要素があります。

①音韻《おんいん》——人の声に共通する音《おん》の要素
②語彙《ごい》——意味を持つ音韻の組み合わせ

●——言語の四要素

①音韻《おんいん》	ヒトの音声から取り出された音のうち「音《おん》」として通じる共通のもの、母音と子音とに分かれる。
②語彙《ごい》	音韻の組み合わせでつくられた語句の集合のこと、日本語の語彙数と個人の語彙数とはちがう。
③文法	語句を組み合わせて文を構成する規則、文の組み立ては「構文論」、品詞の分類などは「語句論」が扱う。
④文字	日本語では表音文字のひらがな・カタカナと表意文字の漢字、外国語では表音文字のアルファベットなどがある。

③文法――語句から文を組み立てる法則
④文字――言語を書き記すための記号

このうち、前の三つは必ず必要なものです。しかし、「文字」がなくても言語は成り立ちます。世界には文字のない言語もあるのです。

人が文字を発明してから、考えたことを記録して保存したり、遠くへ言葉を伝えたりできるようになりました。ところが、あまりに文字が便利なので、言語がそもそも音声であることを忘れがちです。

しかし、言語のやりとりに音声が不要になったわけではありません。「話し・聞き」はもちろん、「読み・書き」のときにも、多かれ少なかれ音声は意識されています。音読は、あらためて音声としての言語のはたらきを意識させてくれるものです。

音読することの意味

「いい文章は声に出して読むとわかる」とか、「いい文章にはリズムがある」とか言われます。文章を推敲するときに音読をしているという人もいます。添削のときにも音読をすると、文章についていろいろなことが分かります。それはなぜでしょうか。答えは簡単です。文章が正確に読めるからです。

日ごろ私たちはほとんど黙読ですが、目うつりする雑な読み方になりがちです。本を開いて目についた部分を見て、語句を拾っておよその内容を想像します。気になるところがあれば、文を頭から読むこともあります。ところが、関心のないところはとばして読んでしまいます。

こんな読み方では添削はできません。しかし、音読をするならば、一語一句、一文一文をていねいに読むことができるのです。

音読で分かる五つのこと

音読をすると次の五つのことが分かります。

①誤字・脱字がわかる
②句点で文の長さがわかる

③読点で文の区切りがわかる
④語句と語句との関係がわかる
⑤文のリズムのよさがわかる

①誤字・脱字がわかる

文章は文字で書かれています。音読をすれば、一つ一つの文字をすべて声にするので、文字の使い方の誤りが確かめられます。また、読みにくい文字や読めない文字もわかります。

さらに、文字は語としてまとまっています。語句の意味を考えながら読めば、語句の使い方を学ぶことができます。つまり、音読によって言語の四つの要素が総合されるのです。人の声をともなう言語の原点までさかのぼれるのです。

②句点で文の長さがわかる

わかりやすい文章の大原則は「文は短く」です。文の終わりはマル（句点）を見ればわかりますが、長いか短いかの実感はできません。音読はからだを使うものですから、文が長ければ終わりまで息が抜けません。それで、読み手は長さを実感できるのです。

黙読のときでも、人は頭にことばを思い浮かべて読んでいます。それとともに、からだも反応して微妙に運動をしているのです。てきぱきして切れのいい文体の魅力は、その運動感覚にあります。

③読点で文の区切りがわかる

文にはテン（読点）があります。テンは音読の区切りの手がかりですが、必ずテンで区切ればいいとは言えません。テンを打ったために文の意味がちがったり、わかりにくくなることもあります。

黙読をしていると、文章を視覚的にながめてしまいがちです。しかし、声による実感はだまされません。文の意味をとらえるつもりで音読をすれば、テンの打ち方まで直感的にわかるようになります。

④語句と語句との関係がわかる

文は単なる文字や語句の並びではありません。それぞれの語句と語句とに関係があります。その関係を示すのが助詞です。

日本語の文の内部構造は「てにをは」で示されます。文節ごとに助詞がついて、文の要素が区切られます。助詞というと補助的なものと思われますが、じつは文の組み立てを示す重要なものなのです。

たとえば、「私」という語に「が」がつくと主語になります。声に出して「私が」と言ったら、「ドウスル」「ドウダ」「ナニダ」という疑問が生まれます。「私を」「私に」「私と」となると、それぞれちがった疑問になります。

つまり、助詞のついた言葉は、それにつながる言葉を呼ぶのです。どんな言葉を呼ぶのかを決定するものが助詞です。声に出してみると、その関係が実感をもってわかるのです。

いい文章ならば、呼んだ言葉と応じた言葉とがうまくつながっています。しかし、悪い文章では食いちがいます。そういうわけで、添削するべきところがわかるのです。

⑤文のリズムのよさがわかる

音読するといい文章と悪い文章のちがいがわかります。文章にはリズムがあります。リズムといったらよいリズムのことです。悪い文章はぎくしゃくして乗りが悪いのです。

文章のリズムとは何でしょうか。日本語のリズムというと、七五調とか五七調とか言われます。しかし、文章は短歌や俳句ではありません。散文はそんな調子で書かれていませんし、そんな読み方もできません。

文章のリズムはもっと単純です。音楽のリズムと同じ二拍子か三拍子です。文章も2音か3音に区切れます。その原理は単純です。文節ごとの区切りで、文節の内部を2音ないし3音に割り当てるのです。

文字からはリズムは感じられませんが、声にはリズムがつきます。文章は音楽ではありませんから、全体を通して同じ拍子があるわけではありません。

次の俳句をご覧ください。五七五がさらに2音3音に区切れます。

古池や　かわず飛び込む　水の音

ふる／いけや／かわず／とび／こむ／みずの／おと

リズムと言うからには、強弱があります。下の図のように、2音と3音の一区切りごとに一つの強拍のアクセントがあります。つまり、文章のリズムというのは言葉のつながりごとに拍子が変化する変拍子のリズムなのです。

そして、2音と3音との組み合わせと、文の意味の区切りによって、文のながれ、文章のながれができるのです。添削するたびに、その部分を2音ないし3音区切りで読めば文のリズムが確かめられます。（2音3音区切りの詳細は拙著『朗読の教科書』参照）

音読の効果は添削の場合だけに限りません。言語能力を向上させる訓練にもなります。日常生活にも読書法として取り入れるなら、「話し・聞き」「読み・書き」という総合的な能力が高まります。実用的な面では、

●――2音と3音のアクセント原理

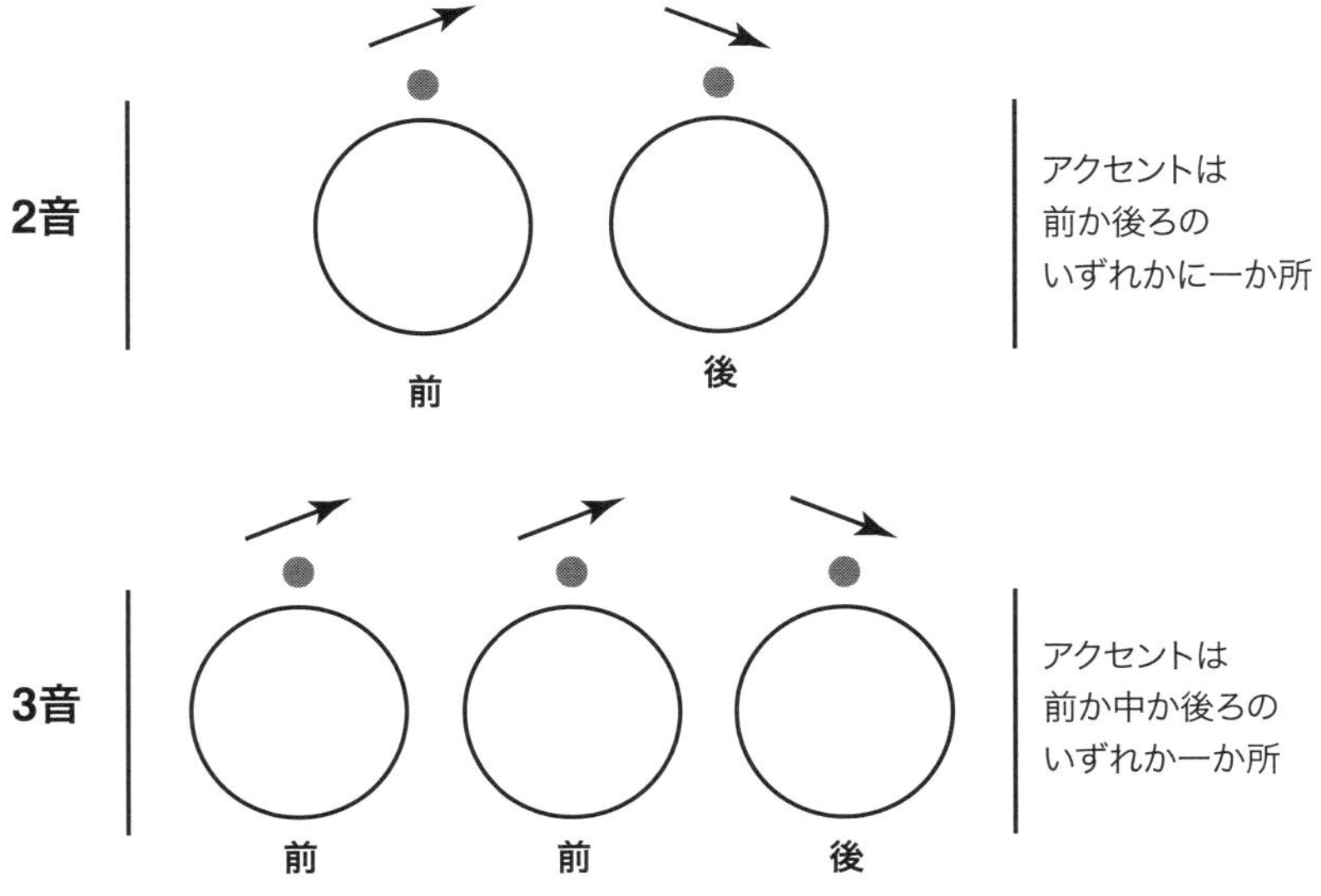

※｜線は音節の区切り、◯は一音節、テンは強アクセント

話し方の訓練になります。

音読はさらに、訓練しだいで朗読となり、表現よみへと発展するものです。表現よみは声による文学作品の表現です。作品を声で読むこと、その表現を聞くことは、文章を黙読するのとは、またちがった文学の味わい方です。

黙読の四種類

本の読み方は音読と黙読とに別れます。音読とは、声を出してよむ読み方、黙読は声を出さない読み方です。どちらの読み方にもそれぞれ役割があります。目的に応じて使い分けるとよいでしょう。

音読は、声の表現を鍛えたり、話し方の上達につながる効果があるので、もっと訓練されるとよいと思います。しかし、たいていの人は黙読ばかりです。

さて、ひとくちに黙読といってもいろいろあります。わたしは次の四通りの黙読を実行しています。

①目よみ
②音《おん》よみ
③拾いよみ
④眺めよみ

一つだけに限るのではありません。一冊の本を読むときにも、この四通りを使い分けながら読んでいます。

①目よみ

黙読というとほとんどこの読み方です。いわば自然発生的な読み方です。子どものころには、みんな音読でした。声に出すことによって内容を理解していました。ところが、年齢が進むにつれて理解力が高まるので、目で見て直接、文の意味が頭に入るようになります。それで、いつのまにか黙って本が読めるようになるのです。

ところが、そこが問題なのです。声に出さないので、意味の取れないところや読めない漢字があっても、さらりと流してアイマイなまま読んでしまいます。というより、読んだつもりになるのです。あなたも身に覚えがありませんか。

②音《おん》よみ

読みの原点へ復帰する読み方です。声には出さないのですが、頭のなかにすべての語句の音《おん》を浮かべて読んでいます。

声に出すのと同じだけの時間がかかります。当然、目よみよりも遅くなります。そのかわり、いいことがあります。声に出すのとほとんど同じですから、話し方の訓練になります。

また、目よみとはちがって読み飛ばすことができませんから、意味のつかめないところではテンポを落として、文の意味を考えて読み進めることになります。

③拾いよみ

最も早い読み方です。文中から目につく語句を拾い出しながら読みます。おそらく、学校の国語の試験で身につけた読み方でしょう。

この読み方をするときには、あらかじめ読む目的や読みとるべきことが決まっています。そのほかのことは目に入りません。「まず、設問を読んでから問題を読みましょう」というわけです。「速読術」も拾いよみの一種だといえましょう。

本の読み方というのは総合的なもので、一貫して同じ読み方を通しているわけではありません。拾いよみをしているうちに目よみに変わり、さらに音よみに移るという場合もあります。

④眺めよみ

落語「青菜」の冒頭で、植木屋と主人とのあいだに、こんなやりとりがあります。

「植木屋さん、たいそうご精がでるねえ」

「えっ、こりゃあ、どうも、旦那ですか。いえね、そう言っていただくとありがてえんで……これが、植木屋をめったにおよびにならねえお宅へまいりますと、植木屋は、しょっちゅうたばこばかり吸っていて、何も仕事をしねえなんて言われますけど、こうやってたばこを吸っておりましてもね、別にぼんやりしてるわけじゃねえんで……あの赤松は池のそばへ移したほうがいいんじゃねえかとか、あの枝はすこし短くつめたほうがいいじゃねえかとか、庭をながめながら考えておりますんで……」（興津要編『古典落語（下）』出典）

文章を読まない読み方とでも言いましょうか。ぼーっと文章を目の前に並べてながめるのです。ぼーっとしてますが、ぼんやりではありません。文章の内容を読みとろうとするのではありません。文章の文字の並びや段落のまとまり、漢字と仮名の黒さの混じり具合などを、絵画をながめるようなつもりで全体の印象をつかむのです。

みなさんが書店で「この本はおもしろいかな」と思ってペラペラとページをめくるときには、おそらくこのような読み方をしているはずです。

07

「印しつけよみ」で構造をつかむ

添削をするために、文章をより深く理解できる読み方の技術があります。だれにとっても、文章を読むのに役立つ方法です。ただ目で見て本を読むのではなく、本に印しをつけて読むのです。本との対話を具体化して定着することができます。

本に書き込みをするのを嫌う人がいます。その人に問いかけましょう。「本のための本なのですか。それとも、自分のための本なのですか」。本は印しで汚れても、本の内容が確実に自分の身につきます。

文章は文字や単語の並びではありません。目で見ただけでは、文の構造や文章の組み立てはわかりません。何もせずに眺めていたら、文字から文字へと目移りするばかりです。なんらかの目印しをつけることによってかたちが見えてきます。

「印しつけよみ」の方法

「印しつけよみ」の方法をご紹介しましょう。本に印しをつけて読む方法です。基本は次の五つの印しです。「マル／セン／シカク／ヤマ／ナミ」と覚えてください。

①マル（主部・テーマ）
②セン（述部・客文素／補文素）
③シカク（つなぎ・接続語）
④ヤマ（山カッコ）
⑤ナミ（波線）

印しつけには濃いめのエンピツを使います。文字づらを見にくくしないし、消しゴムで消して何度でも付け直すことができるからです。ねらった言葉にすばやくサッと印しをつけながら読みます。エンピツを手にした日々の読書は完全にわたしの習慣になっています。

では、印しつけの見本をご覧ください。夏目漱石「硝子戸の中《うち》」の冒頭です。印しのついた語句に注目して声に出して読んでみてください。

印しのついた語句を拾うと文章の要点がつかめます。書き抜けばレジュメにもなります。また、あとで読み直したとき、前回どんな読み方をしたかわかる記録にもなっています。

印しをつける目的で文章を読むことによって、判断力とそれに伴う責任感が生まれます。「ここが重要だ」と判断して本に印しをつける責任です。その繰り返しが、文章を理解する力と文章への集中力を高めてくれるのです。

「印しつけよみ」の記号

それでは、それぞれの記号について解説いたしましょう。

硝子戸《ガラスど》の中《うち》から外を見渡すと、霜除《しもよけ》をした芭蕉《ばしょう》だの、赤い実《み》の結《な》った梅もどきの枝だの、無遠慮に直立した電信柱だのがすぐ眼に着くが、その他にこれと云って数え立てるほどのものはほとんど視線に入って来《こ》ない。書斎にいる私の眼界は極《きわ》めて単調でそうしてまた極めて狭いのである。

その上私は去年の暮から風邪《かぜ》を引いてほとんど表へ出ずに、毎日この硝子戸の中にばかり坐《すわ》っているので、世間の様子はちっとも分らない。心持が悪いから読書もあまりしない。私はただ坐ったり寝たりしてその日その日を送っているだけである。

しかし私の頭は時々動く。気分も多少は変る。いくら狭い世界の中でも狭いなりに事件が起って来る。それから小さい私と広い世の中とを隔離しているこの硝子戸の中へ、時々人が入って来《く》る。それがまた私にとっては思いがけない人で、私の思いがけない事を云ったり為《し》たりする。私は興味に充《み》ちた眼をもってそれらの人を迎えたり送ったりした事さえある。

（夏目漱石「硝子戸の中」）

①マル

文の主語や段落のキーワードを○で囲みます。ついでに、本のページの上の空きに、○をつけた単語を書き込んでおくとインデックスになります。

文の意味とは、二つの言葉の相互関係です。単語が二つで文として意味を持ちます。それを、マルとセンと二種類の印しでつかむのです。文の基本をつかむことは添削の大前提です。

②セン

文の述語やキーワードにつけます。マルのついた語句とのあいだに関係が生まれます。どちらの印しも、五文字から七文字ほどに限定します。何行もまとめて傍線を引くようなことはしません。まとまった行ならば、ページの上に弧線を引けばすみます。また、並立する項目には丸数字をつければ自動的に項目数が数えられます。

●印しつけ記号一覧

マル——主語・テーマ
セン——述語・副主題
シカク——接続語・論理語
山カッコ——名詞句・もの・こと
ナミセン——強調

●その他の記号

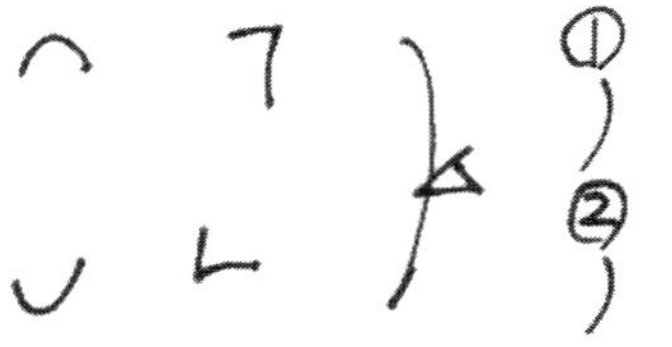

項目——並列語・ラレツ
三角——反論・不同意
カギ——発言・談話
カッコ——内言・心内語

③シカク 

文と文をつなぐ接続語句や論理関係を示す語句を四角で囲みます。四角に接続語を入れるのは学校の国語の試験問題では定番です。接続詞「しかし、また、そして」などの他に、「なぜなら」「たとえば」「（する）ために」「……から／ので」なども論理関係をつかむ基礎になります。（126ページ「接続語の論理的機能一覧」参照）

④山カッコ 

長い修飾語のついた名詞句は、〈　〉でくくります。日本語の文構造で分かりにくいのは、長く続いた名詞句です。そのあとに助詞がついて、そのはたらきが示されます。「が、の」「を、に、と、へ、より、から」などの助詞です。

くくられた名詞句と助詞を取り出すと、文構造のかたちで見えます。たとえば、「私は〈　〉を〈　〉にして〈　〉から〈　〉へ出かけた。」という具合です。数学の因数分解でカッコでくくった部分をXと置くような考えかたです。文構造が見えれば、文レベルでの添削が自由にできます。重文や複文を切り分けて、独立した単文にすることもできます。（文の構造については、63ページ「文の組み立ての四種類」参照）

⑤ナミセン 

文と文とがつながると、それぞれの文の強調点が浮かび上がります。そこにはナミセンをつけます。何か疑問を感じたり、ハッとしたり、関心を引かれる語句です。たいてい一文に一つあります。添削の予備作業として読むときには、そこが手がかりになります。

⑥その他の記号

そのほかは補助的な印しです。センをつけるとき、いくつかの項目が並ぶなら、順に丸数字をつけていきます。付け終わったところで項目数が分かります。センを引いたことに反対したり、同意できないなら、△をつけます。否定したいなら×をつけます。

また、文章の個人的な「語り口」を捉えるために有効なのが、カギとカッコです。カギは、だれかが発言した言葉を間接的に引用した部分です。「 」で示します。「……と思う」「……と考える」という表現が手がかりになります。

社長が「もうそんな社員はいらない」と言ったことが問題になった。

カッコは、口から出たことばではなく、人が心のなかで思ったり感じたりしたことばの表現です。（ ）で示します。

わたしは（もうこんな会社にはいられない）という思いで帰宅した。

以上、印しつけによる読書法を紹介しました。これは、日ごろの読書のときにも、文章を深く読むための技術として役に立ちます。コトバの基本能力、「話す・聞く」「読み・書き」のすべての能力を高めるための訓練にもなります。日ごろから、印しをつけて読書する習慣を身につけることをお奨めします。

第3章

添削の技術

08 校正記号を利用する

どんな作業でも手ぶらではできません。添削とは、書かれた文章から内容を考える作業です。そのために使える方法があると、より深く考えながら作業ができます。声に出して読むのも一つの手段ですが、さらにいい方法があります。それが校正記号です。

記号を使うと原文の文章を残したままで推敲ができます。元の文章そのままのかたちを見ながら、文章を加工することができます。頭のなかで「この語句を削って、あの語句を移動して……」などと想像するのではなく、目に見えるまま、まさに手に取るように操作できるのです。

また、添削した跡がそのまま、推敲過程の足跡として残ります。添削された人がそれを見れば、どこをどのように直したか、よくわかります。いちいち細かいコメントを書きこまなくても、添削者の考えが理解されるでしょう。

さらに、直す前と直したあとの比較ができるので、どのように直せば文章がよくなるのか学ぶことができます。しかも、そこから、添削の原理を読みとることもできるのです。

わたしが添削をした実物をご覧ください。（次ページ参照）宮沢賢治「銀河鉄道の夜」の一部です。これを見ながらあとの項目の解説をお読みください。

添削記号一覧

「添削用の記号一覧表」をご覧ください。順に説明します。

校正記号といっても、ずいぶんいろいろあります。

ジョバンニもそっちを見ましたけれどもそこはぼんやり白くけむっているばかりどうしてもカムパネルラが云ったように思われませんでした。何とも云えずさびしい気がしてぼんやりそっちを見ていましたら向うの河岸に二本の電信ばしらが丁度両方から腕を組んだように赤い腕木をつらねて立っていました。

「カムパネルラ、僕たち一緒に行こうねえ。」ジョバンニが斯う云いながらふりかえって見ましたらそのいままでカムパネルラの座っていた席にもうカムパネルラの形は見えずただ黒いびろうどばかりひかっていました。ジョバンニはまるで鉄砲丸《だま》のように立ちあがりました。そして誰にも聞えないように窓の外へからだを乗り出して力いっぱいはげしく胸をうって叫びそれからもう咽喉いっぱい泣きだしました。もうそこらが一ぺんにまっくらになったように思いました。

添削記号一覧

- ○○○○……改行して段落に
- ○○○○……削る（トル）
- ○○○○……なくてもいい
- ○○○○……削るか・残すか
- ○○○○……入れる・加える
- ○○○○……入れかえる
- ○○○○……これもある（提案）
- ?○○○○……わからない
- △○○○○……よくない
- ◎○○○○……いい！
- ※○○○○……コメントする

ざっと六十種類くらいはあるでしょう。その中から十種類ほどを選んで使います。

添削には赤ペンを使います。思いつきをすばやく書き込めるように、インクの出がよくて滑りのよい筆記用具を使いましょう。ちなみに、わたしの愛用品は、パイロットの「V CORN」という水性ボールペンです。インクの出も滑りも、ペンの軽さも申し分ありません。

活字になった文章というものは、なかなか手がつけにくいものです。しかし、赤ペンを使うことによって、思い切って文章に手を入れながら読めるようになるものです。

①改行

形式段落の一字下げの頭につけます。一字下げるのを忘れたところにもつけます。文章をながめながらつけてゆけば、各段落の長さとバランスとを見渡すことができます。また、長すぎる段落はいくつかに分けること、短い段落はまとめることが予想できます。

②削る

不要なところは二本の線で削ります。ぐしゃぐしゃと塗りつぶさずに、もとの文字が見えるようにします。推敲のためです。さらに「トル」とカタカナで書いておけば確かです。別の語句と入れ替えるときには、削った語句を脇に書いておきます。

③なくてもいい

添削独自の工夫です。削るほどではないけれど、「なくてもいい」と思ったら、カッコで囲んでおきます。削るか、生かすか、書き換えるかは書き手に任せます。また、独自の記号として、※があります。添削者のコメントの印しです。※のあとに書いた文が添削者のコメントであることがはっきりします。

④削ったほうがいい

これも添削独自の工夫です。削ったほうがいいけれども、本人の意志にまかせるときに使います。

⑤語句を追加する

抜けている語句や文などを加えるときに使います。加える語句が長いときや、他の書き込みと混じりそうならば、全体を◯で囲んでおきます。

⑥入れ替える

長いS字の印しで語句全体を入れ替えます。線が作業のかたちをよく表わしています。

⑦これもある

これも添削独自の工夫です。疑問や問題を感じた語句の脇に傍線を引いて、その脇に「こんな変更はどうか?」と代わりの語句を書きます。さらに、※を付けるとはっきりします。代案がないときには、「?」とか「△」の印しで示します。

⑧その他の記号

これらも添削独自の付加記号です。?は「分らない」、△は「よくない」、◎は「いい!」という評価です。さらに、※をつけておけば、書き込んだコメントが、添削者の意見や注文だということがわかります。

⑨イキ

まちがった書き込みをしたときには、二本の線で削除して、その脇に「イキ」と書きます。

添削の仕方によっては、書き手に文章の書き方を指導することになります。書き手の文章がよりよくなるための手助けです。その意味では教育的なものです。

直接に書き手と話し合って直し方を検討できればいいのですが、それができないので添削記号が必要なのです。その目的は、文章をどう直すかという提案を書き手に伝えることです。うまく伝われば、書き手も文章の手直しが楽になります。

09 テンの打ち方

添削の始まりはテンの打ち方からです。テンの打ち方を変えるだけでも、ずいぶん文が読みやすくなりますし、文の構造が明確になります。

文の区切りというと、文と文との間のマル（。）と、文の内部を区切るテン（、）とがあります。この二つをまとめて句読点といいます。句点がマル、読点がテンです。

マルの打ち方

文の終わりにはマルをつけます。「文」については辞書には「句点で終わるひとまとまりの言葉」と書かれています。述部の言い切りのところにつきます。たいていの人がマルのつけどころはわかります。

ただし、文のかたちでも、文章の題名やスローガンなどにはつけません。また、カギカッコでくくった会話の終わりにもつけません。その代わりに、疑問の？強調の！が入ることもあります。これらは、もとは日本語になかった表記ですから最小限にします。

「きのうから休んでいる。」トル
「山田くん、いるかな。」？
「うわっ、おどろいた。」！

しかし、文章を引用をするとき、文の終わりであることを示すときには、マルを入れます。

その本には、次のように書かれている。
「時の流れは早いものである」

テンの打ち方

テンの打ち方の原理は簡単です。文節と文節とが直接にはつながらないところに打ちます。つづいて読まれると誤解されるところに打つのです。

もちろん、文節同士が直接にはつながらなくても、文としてはまとまっています。その語句は先の語句につながっています。いわば、次の語句を飛び越えてつながるわけです。

一般に、文頭の主部は文末の述部までつながるので、そのあとにテンは打たれません。よほど短い文でないと、主部が直接に述部につながることがないからです。主部は文全体をまとめるはたらきをするのです。

文の要素のつながりの三通り

文節と文節同士がつながる関係は次のページの図のとおり三通りしかありません。このつながりのあいだにはテンを打たないのが原則です。↓はつながりの関係を意味します。線の切れ目は文節の境目です。（文素の種類については、84ページ「文の成分（文素）・要素一覧」参照）

①主部と述部のつながり

主部は「ダレガ、ナニガ」、述部は「ドウスル（動詞）、ドウダ（形容詞）、ナニダ（名詞）」の三種類あります。傍線が述部です。

空が　↓　晴れた。（動詞述語文）
空が　↓　明るい。（形容詞述語文）
あれが　↓　雲だ。（名詞述語文）

②客文素・補文素と述部のつながり

語句に「を」がつくと客文素、語句に「に、と、へ、より、から」がつくと補文素になります。傍線は、客文素・補文素を示します。

道を　↓　歩く。
右に　↓　行く。
いやだと　↓　言う。
学校へ　↓　向かう。
東京より　↓　届く。
大阪から　↓　運ぶ。

また、比較の形容詞も、「より」のついた補文素をとります。

(君は)　バラより　↓　美しい。

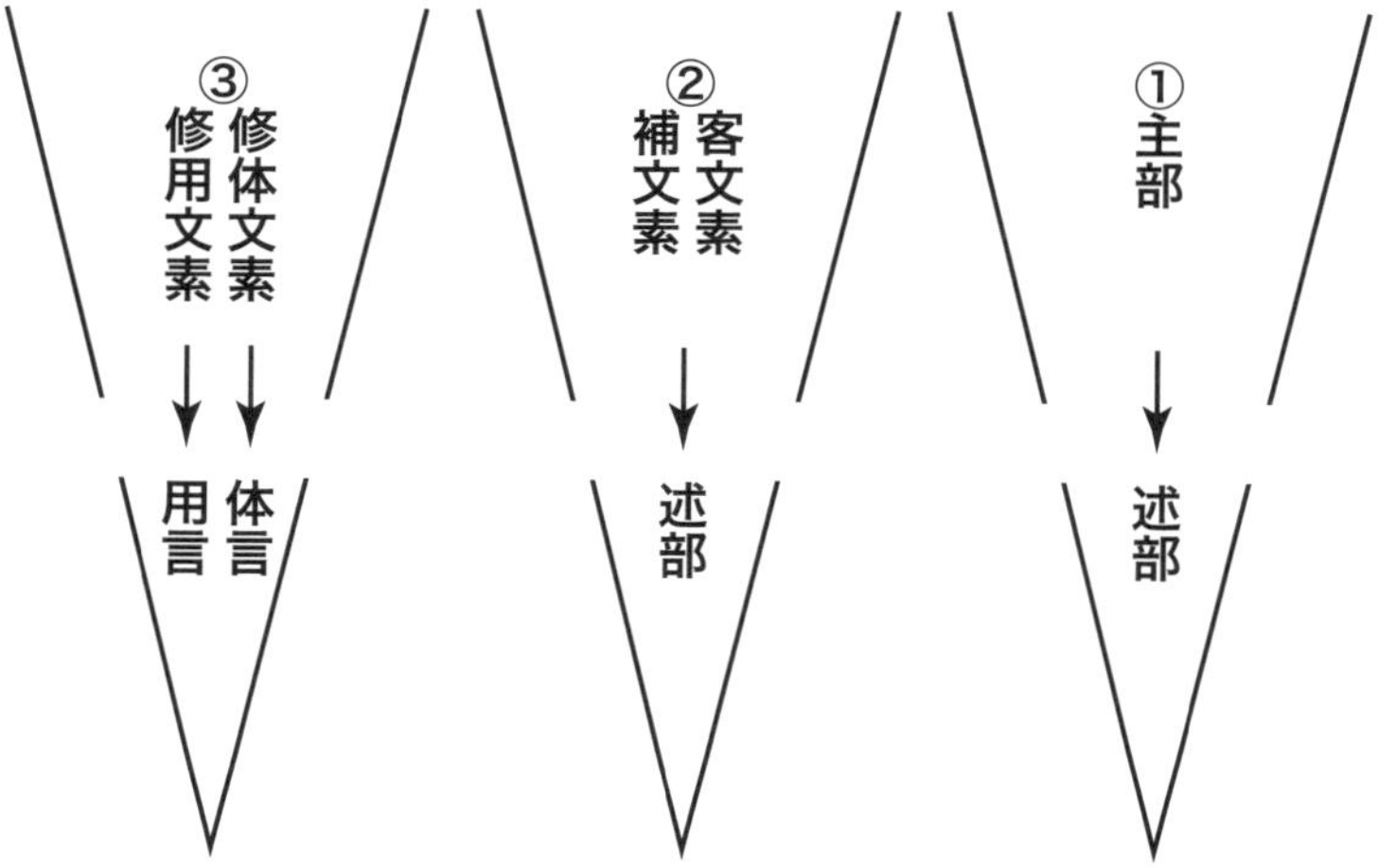

●——文の要素のつながり三通り

③修飾文素と被修飾文素のつながり

修飾文素は二通りあります。修体文素いわゆる「連体修飾」と修用文素いわゆる「連用修飾」とです。例をあげておきましょう。

❶修体文素――体言（名詞など）を修飾します。

山の　→　上

美しい　→　花

❷修用文素――用言（動詞、形容詞など）を修飾します。

ゆっくり→　歩く

たびたび　→　来る

とても　→　美しい

「首」と「くさび」でテンを打つ

「首」と「くさび」という言葉で、文節を二種類に分けます。下の図をご覧ください。文節の係り受け、文素の呼応の関係のイメージです。「首」とは文節同士がつながらないところ、「くさび」とは文節同士が二つ以上つながるところです。

テンの打ち方はかんたんです。原則は二つです。

①「首」と「くさび」とのあいだに打つ

②「くさび」のあいだには打たない

これだけです。このやり方ならば、むずかしい文法を知らなくても、どのような文にも簡単にテンを打つことができます。

それでは、簡単な文で解説します。たとえば、次の文のすべての「文節」にテンを打ちました。文節は六つですから、あいだの五か所に打てます。

きのう、原宿で、わたしは、かわいい、帽子を、買った。

ここから、つながりのテンを外します。二か所あり

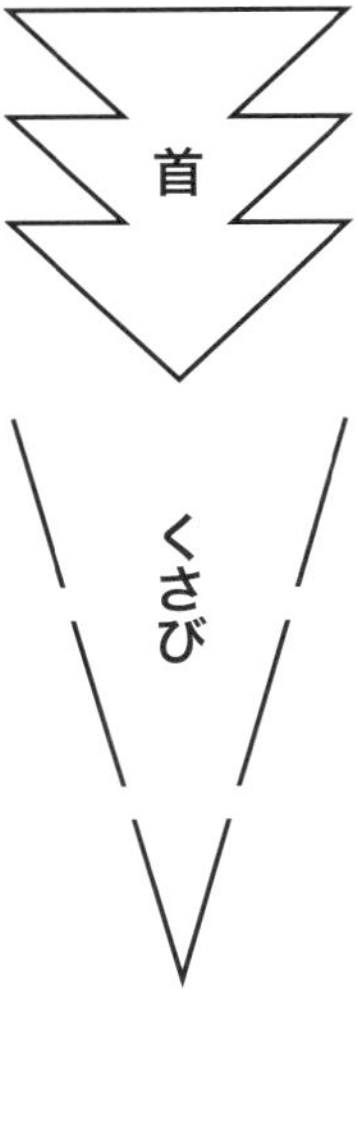

ます。一つは、「かわいい」と「帽子」とのあいだで、要素のつながりは修体文素と体言です。もう一つは、「帽子を」と「買った」とのあいだで、要素のつながりは客文素と述部との関係です。

その結果、テンは、次のように「きのう」「原宿で」「わたしは」のあと、三か所にしぼれます。

きのう、原宿で、わたしは、かわいい帽子を買った。

はじめの三つの文節は「首」です。次の文節に直接つながりません。しかし、これでは区切りすぎです。このように「首」がいくつも重なる場合には、関係が近いものをまとめます。

文の要素の順序として、「イツ、ドコデ、ダレガ、ナニヲ、ドウスル」というのは習慣的なものです。とくに「イツ、ドコ」というのはセットになっています。

というわけで次のようになります。

きのう原宿でわたしは、かわいい帽子を買った。

さらに「私は」と漢字で書くなら文節の区切りも見えます。結局、外せないのは「首」と「くさび」との境目のテン一つになりました。これを外すと「わたしはかわいい」とまちがって読まれる危険があります

重文構造を示すテン

もう一つ、別の例を見てみましょう。重文構造を見分けるときのテンの打ち方です。

次の例文には、よくありがちなテンの打ち方をしてみました。どんなところが問題だと思いますか。

わたしは、学校へ行って、友だちが、拾った子犬をながめた。

わたしは次のようにテンを打ちます。

わたしは学校へ行って、友だちが拾った子犬を、ながめた。

一つのテンを削って、一つのテンの位置を変えました。「わたしは」と「学校へ行って」は「首」なのですがつなぎました。それは文全体の重文構造を示すためです。テンがあると全体が見通せなくなります。

また、「子犬を」のあとにテンを打ったのは、「友だちが」と「拾った」とを切りはなして、「わたしは」と「ながめた」とをつなげるためです。テンがないと「友だちが」「ながめた」と読まれる危険があります。

友だちが拾った子犬をながめた。

テンの打ち方の例

最後に、最小限必要なテンの打ち方の原理を示しましょう。夏目漱石「硝子戸の中《うち》」からいくつか例をあげて、テンを打ってみます。

①文頭の接続語のあと

文頭の接続語は、前文を受けて文をつなげていますから、文と文との関係を判断するためにテンがあると読みやすくなります。

しかし現在の私はいままのあたりに生きている。

②文頭のトキ・トコロのあと

「イツ、ドコデ、ダレガ、ナニヲ、ドウスル」という語順は慣習的な文の組み立てです。トキは文の全体にかかるので、テンを打ちます。

この二、三年来私は年に一度くらいの割合で病気をする。

③語句をつなげるために区切る

ふつうは文頭の主文素のあとには打ちません。主文素は、いくつかの文素を経由して文末の述文素につながるのがふつうだからです。しかし、つながるのを避けるためにテンを打つこともあります。

私はこれら三人のために、私の言うべきことをいい、説明すべきことを説明したつもりである。

テンを入れないと冒頭の「私は」が「三人のために」につながってとぎれます。テンによって、あとの述文素の「いい」と「説明した」にもつながります。

当時二番目と三番目の兄はまだ南校へ通っていた。

この場合、テンがないと「当時」が「二番目」につながります。テンで、「当時」が「通っていた」にかかるようになります。テンで文頭の文素を切り離すことによって、文末の述文素へのつながりが明確になるのです。

④テンで無理なら語順を変える

テンだけではうまく処理できないことがあります。その場合には、語順を変更します。しかし、文の意味が変化するので注意しましょう。

益さんがどうしてそんなに落ちぶれたものか私には解らない。

「私には」を移動すると同時にテンを入れます。そのかわり、話題の中心が「益さん」から「私」に移ります。それは添削の宿命として、仕方がないことです。語順を変えたら当然、意味の変化が生じます。また、文脈において「私」が前提されていれば、「私には」

を削ることもできます。

テンの打ち方は添削における出発点であると同時に、文章の微妙な表現を左右する重要なものです。文の構造を明確にするという原則に立てば、音読をするときにも読みやすいテンの打ち方になります。

「テンは息づかいで打つ」という言い方がありますが、それにも一理あります。からだの動きと心とを一体化した音読によって文が理解できるからです。

しかし、文構造と読みかたとが完全に一致するというわけにはいきません。文章は文字で書かれますから、目で見たときに読みちがわないためのテンというものもあります。

テンの打ち方というものはなかなか奥の深いものなのです。

10 単位文を読みとる

添削というと「文字や語句を直すことだ」と思われがちです。しかし、添削の単位は文です。文章は単語の集まりではなく、文の集まりです。「文」と「文章」とはちがいます。文章とは文が組み合わされてつながったものです。

「文」について辞書には、次のように四つのポイントが書かれています。丸数字を付けておきます。

「①言語単位の一。②思考や感情を言葉で表現する際の、完結した内容を表す最小の単位。③多くは複数の文節によって構成されるが、「待て」「さようなら」のような一語文もある。④文字で表す場合には、通常、文の切れ目に句点「。」を打つ。センテンス。」(『大辞林』第三版)

しかし、「文」が「最小の単位」とはいっても、一つの文のなかに、いくつかの意味をもつ文も、めずらしくありません。

文は、図のように「文＝主部＋述部＋シッポ」で組み立てられます。これを単位文といいます。

文 ＝ 主部（ガ） ＋ 述部 ＋ シッポ

考えの最小単位は「単位文」です。文の意味は、単位文を基礎にして理解できます。文で示される考えは、単位文によって組み立てられているのです。

文の組み立ての四種類

文の種類	文の組み立て方	用例と解説
①単文	単位文一組でできている文。	空が晴れた。まっ白い雲が空一面に広がった。（修飾文素が付いても主部・述部は一組である）
②重文	単位文が二組以上重なった文。たいてい接続助詞でつながれているので簡単に切り離せる。	私は家を出て駅に向かって歩き出した。（三重文）（単位文＝私は家を出た。私は駅に向かった。私は歩き出した。）
③複文	大きな単位文に小さな単位文が組み込まれている。二つの単位文が「親」と「子」の関係にある。	私は父が買ってくれた本を大切にしている。（客文素「本を」に子文が組み込まれた例。単位文＝父が本を買ってくれた。私はその本を大切にしている。）
④重複文	重文と複文とが統合された文。	私は朝起きて仕事をしながら飲む珈琲が楽しみだ。（主文素「珈琲が」に重文が組み込まれた例。単位文＝私は朝起きる。私は仕事をする。私は珈琲を飲む。私は珈琲が楽しみだ。）

文の組み立ての四種類

単位文を基本にすると、前ページの表のように四通りの文の組み立てになります。

①単文……単位文一組でできた文
②重文……単位文が二組以上重なった文
③複文……大きな単位文に小さな単位文が組み込まれている文
④重複文……重文と複文とが統合された文

単文が文の基本です。単文で書けば文は短くなるし、わかりやすくなります。しかし、わたしたちが目にしている文の多くが単文ではありません。ですから、文章の書き方の本では、くどいほど、「単文で書け」とか「一つの文には一つの内容を書け」と繰り返すのです。

日本語の三文型

単位文にはいくつかのかたちがあります。日本語では、述部の品詞のちがいから三通りに分けられます。（ただし、形容詞（イ形容詞）と形容動詞（ナ形容詞）とを分けるなら四通りです。）

詳しくは、次ページの表をご覧ください。

①動詞述語文　＝ドウスル文
②形容詞述語文（❶イ形容詞❷ナ形容詞）＝ドウダ文
③名詞述語文　＝ナニダ文

それぞれの文の簡単な例文を二つずつ挙げておきます。傍線部分がそれぞれの述語です。

①カラスが鳴く。空が晴れる。
②❶道がひろい。水が冷たい。
❷街がにぎやかだ。風がさわやかだ。
③パソコンは道具だ。ぼくは人間だ。

主語は「が」で見分ける

主語の見分け方はかんたんです。「が」がつくかど

主　部

（格助詞の「ガ（ほかに、ハ・モなど）」をとる）

①ヒト（ダレガ）
②モノ（ナニガ）
③コト（ナニガ）

↓

述　部

（述部の品詞で文型が決まる）

①動詞述語文（ドウスル） ヒト・モノ・コトの動きや存在をあらわす	②形容詞述語文（ドウダ） ヒト・モノ・コトのようすをあらわす ❶イ形容詞 （名詞につなぐとイ） ❷ナ形容詞 （名詞につなぐとナ）	③名詞述語文（ナニナダ） ヒト・モノ・コトの区別や分類をあらわす
・メロスは激怒した。 ・無はなかなか出てこない。 ・夜が迫ってきた。 ・焚火も下火になった。	・僕はほんとうにつらい。 ・あなたは遅かった。 ・こめかみが（釣って）痛い。 ・王は利口だ。 ・他の蜂は一向に冷淡だった。 ・それはいかにも静かだった。	・吾輩は猫である。 ・笠井一さんは作家である。 ・一行は三人だった。 ・返事は全く予想外だった。

うかです。まぎらわしいものに「は」があります。「が」に変えてみると、主語かどうかが分かります。

ノートはいらない。　→　△ノートがいらない。
お昼は食べてない。　→　△お昼が食べてない。

主語でない「は」は、「が」に変えると意味がおかしくなります。

文と単位文

文レベルの添削において単位文の組み立て方が読みとれるならば、単文から重文や複文を組み立てたり、その反対に、重文や複文を単文に切り分けることができるようになります。

次のような文も三つの単位文から組み立てられています。この文は重複文なのです。

ぼくは、先生が歩いているときに村の人たちに手を振ったのをよく見かけた。

動詞を手がかりにして単位文を拾い出してみると、次の三つになります。

①先生が歩いている。
②先生が村の人に手を振った。
③ぼくは先生をよく見かけた。

実際に使われる文は、単文よりも重文や複文が多いので、文章を書く心得として「文は短文で書け」としつこく言われるのです。

文の組み立ての基本は単文です。しかし、添削者にとっては、重文でも複文でも自由自在に文の組み変えができる能力が必要なのです。

豆知識

「文」と「文章」とのちがい

「文」と「文章」という言葉をはっきり区別できる人はどれだけいるでしょうか。

『新明解国語辞典』によると、「文」とは「考えを（いくつかの）言葉でつづり表したもの」、「文章」とは、「いくつかの文で、まとまった思想・感情を表したもの」だそうです。

「文章」が文の集まりというのはすぐわかります。「文」が問題です。英語で言うと「センテンス」です。「まとまった思想・感情」といわれても、そう単純ではありません。文の組み立ての種類には、単文、重文、複文、重複文があります。それを一つの「文」と言ってしまうのは混乱のもとです。「文」についてもっと根本から考える必要があります。

文とは、「主部＋述部」の一組のことをいいます。それを文の単位にして「単位文」と呼ぶとすっきりします。それが思想の単位にもなります。重文、複文とは、単位文の組み合わせによる思想のかたちなのです。

国語辞典の定義は文のおおまかな形式です。それに対して、単位文は文の本質的な単位です。一文の中に単位文が一組ある文を「単文」、二組以上かさなった文を「重文」、ある単位文の中に別の単位文が組み込まれたものを「複文」と言います。「重複文」というのは、「重文」と「複文」とが組み合わされた文のことです。

文章を読んだり書いたりするときにも、文のなかの一つ一つの「単位文」をとらえるのです。「単位文」を思想・感情の一つの単位とすれば、より複雑な思想・感情も単位文の組み立てとして理解できます。この考え方は話したり聞いたりすることにも応用できます。それによって正しいコトバづかいが実現するのです。

11 重文を切りはなす
接続助詞から接続語へ

文章論のイロハとして「文は短く書け」「短い文はわかりやすい」「一つの文には一つの内容を書け」などと言われます。単文で書けば文は短くなります。長くなる文は、重文や複文のことです。

重文を単文にすることを考えてみましょう。私は重文を「重箱文」と呼んでいます。次ページの図をご覧ください。重箱のふたが主部で、重なった箱それぞれが述部にあたります。一つ一つの箱は簡単に切りはなせます。文の区切りの手がかりは、重文をつないでいる接続助詞です。

重文ではたいてい主部が共通しているので、三重文ならば、「主部①・②・③＋述部①＋述部②＋述部③」という形になります。例文の区切りは／で示します。

私は家を出て／駅まで歩いて／電車に乗った。

途中で主部が変わる三重文の例では、「主部①＋述部①、主部②・③＋述部②＋述部③」となります。この例も区切りを／で示します。

私が笑うと／父も笑って／空を見上げた。

いろいろな重文のつながり

いろいろな重文のつながりを見てみましょう。

重文を単文に切りはなしたときには、接続助詞のかわりに接続語を入れます。

接続語は、文と文とのつなぎの部分を独立させて成立したものですから、それぞれのつながりに対応する接続語がたいていあります。次ページの表「接続助詞と接続語の相互関係」をご覧ください。

①接続助詞なし

もっともアイマイなつなぎ方です。動詞、形容詞の連用形で並立的に並べるので関係が見えません。単文にしたとき、文の順序を入れ替えても問題ないようなつながり方です。並立の接続語や他の関係を示す接続語が入れられます。

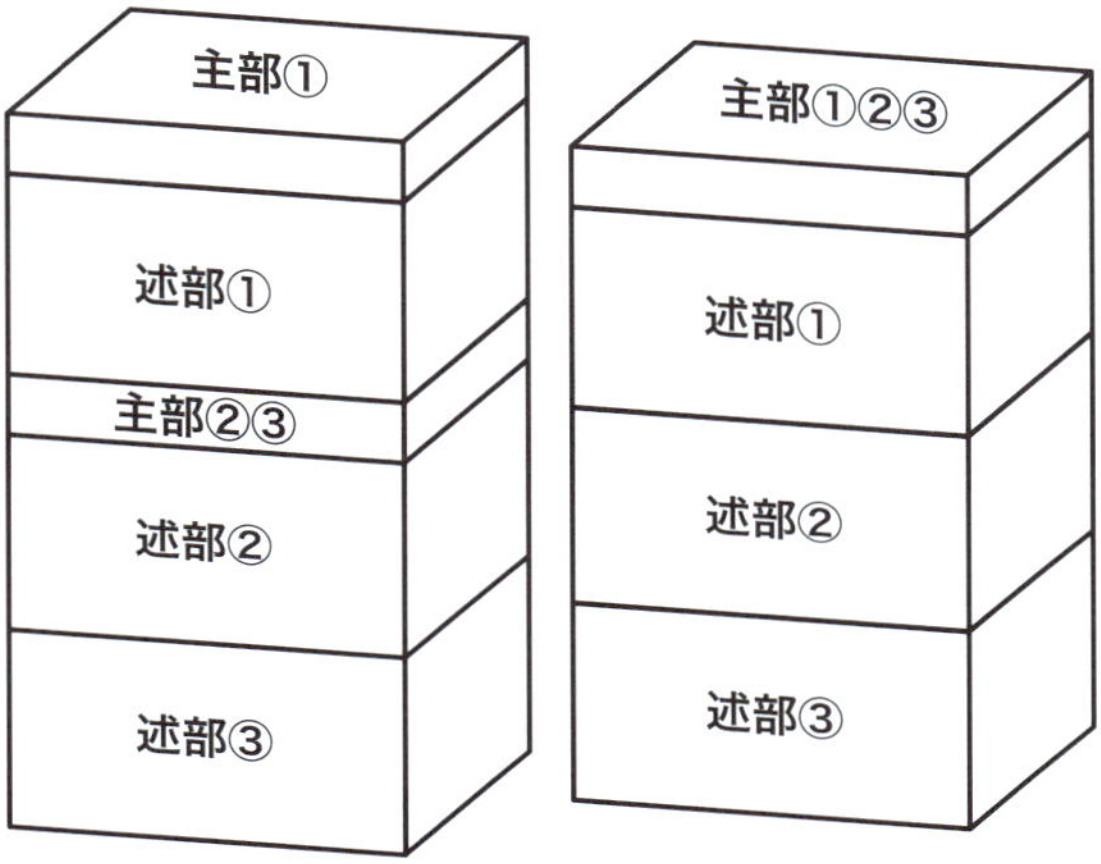

●——重文（重箱文）の図

> **人にはそれぞれ自分に向いた仕事があり、どれが正解というわけではない。**

前文の「あり」という動詞の連用形を終止形で言い切って、「だから」という理由の文にしました。単なる並立ならば、接続語がないままでいい場合もあります。

②追加の「て」

「て」は一息つけるつなぎ方です。時間のながれができます。置きかえる接続語の意味も微妙です。「そして」には「そうして」という意志があります。「それから」は自然のながれです。「また」は繰り返し、「さらに」は程度の高いことの追加です。

●――接続助詞と接続語の相互関係

接続助詞	関係	接続語	重文 → 単文
①（なし）	並立	（必要な場合もあり）	私は町に出かけ酒を飲んだ。↓私は町に出かけた。酒を飲んだ。
②て	追加	そして、それから、また、さらに	私は友人と会っていろいろな話をした。↓私は友人と会った。そして、いろいろな話をした。
③（する）と	順接	すると	空を見ると美しい雲が見えた。↓私は空を見た。すると、美しい雲が見えた。
	条件	すると	明日雨が降ると運動会は休みだ。↓明日雨が降る。すると、運動会は休みだ（ろう）。
④が（ても）	逆接	が、だが、しかし、けれども、ところが	信頼は失われたが（ても）私は新しい知人を得た。信頼は失われた。しかし、私は新しい知人を得た。
	対比	それに対して	桜井くんの兄は勉強ができるが本人はできない。↓桜井くんの兄は勉強ができる。それに対して、本人はできない。
	条件	ただし	先月分の給料は支払われたが一割減額だった。↓先月分の給料は支払われた。ただし一割減額だった。
⑤ので／から	理由	だから、それなので、それゆえ、よって	新社長が信用できない話をしたので会社が信頼されなくなった。↓新社長が信用できない話をした。だから、会社が信頼されなくなった。

> **弟は会社の仕事をやめて家で仕事を始めた。**

接続語を「そして」にすると意志的な行為、「それから」にすると観察的な印象になります。

> **私のいる部屋は狭くて天井が低い。**

「また」と「さらに」は、部屋の「狭さ」と天井の「低さ」との程度の評価のちがいを示します。「また」は対等、「さらに」では、「狭さ」よりも「低さ」の方が程度が高いのです。

③順接の「(する) と」

「と」は時間の順序で文がつながるときの接続助詞です。「……した。すると、……した」というできごとの展開です。

> **その日、私がイヌの散歩をさせていると、となりの山田さんに橋の上で出会った。**

前文の「と」は「すると」に変わります。全体が過去形の文なので、前文も「た」でそろえます。そして、「私が」という条件文を「私は」にして、「出会った」につなげます。

また、「と」には、仮定の条件として、「(もし)……すると、……だろう」という使い方があります。

> **ぼくが学校に行くと、山田くんが待っているだろう。**

前文には仮定の関係を示す「もし」を入れたり、あとの文には「たぶん」や「はずだ」という呼応の副詞が必要になります。

④逆接の「が（ても）」

逆接のときには、接続助詞「が」がよく使われます。これは文章の本では要注意に指定されています。70ページの表のとおり三通りに区別できます。詳しくは、「逆接、制限・限定、比較・対照」などの意味で使われます。（129ページ参照）添削する場合には、文の流れを考えて適切な接続語に変えます。

私はいろいろな趣味に時間をかけてきたが、それはムダな経験ではなかった。

前文を読むと、趣味にかけた時間がマイナスに評価されそうなので、文を区切って「しかし」にしました。

「が」でも「だが」でもよいでしょう。

しかし、「ところが」は使えません。条件を転換させてしまうからです。

私は知人の家を訪ねていったが、知人は外出したあとだった。

ほかに、「が、だが、しかし」などを入れることも可能です。接続語の選択は、文章のニュアンスを変えるので、添削者のセンスが問われます。

次の例は、逆接の「ても」を使った例です。

私が繰り返し何度言っても、あの人は応じなかった。

「ても」も逆接です。単文に分けることで、前文にも若干の手入れが必要になりました。このあたりも添削者の腕の見せどころです。

⑤理由の「ので／から」

　重文の接続関係でもっとも論理的なものが「ので／から」です。明解な論理の感じられる文章では多く使われています。接続語に変えるときには、どちらも「だから」になります。ただし、「ので」と「から」では文体のニュアンスがちがいます。「ので」の方があらたまった感じになります。

> **きのうから雨がずいぶん降っていたから、今日、出かけられるかどうか心配だった。**

　「今日」というのは、この文を書いている当日のことです。「から」も「ので」も、理由の文のあとに付きます。「から」は「ので」よりも、話しことばに近いくだけた表現です。

> **社長からいろいろな注文をされたので、少し気が重くなっている。**

　「ので」にかわる接続語の選び方として、「だから」ではなく、「それなので」と、わざとゆるい論理を使う手もあります。

　以上、接続助詞でつながった重文の切り離し方の解説をしました。これとは逆に、単文をつないで重文にする場合もあります。そのときには、接続語を接続助詞に置き換えてつなげばよいのです。手ぢかにある文章から接続語でつながれた文を拾い出して、実際につなぐ練習をしてください。

豆知識

「主語」と「主部」とのちがい

この本では、「主語」と「主部」という言葉を区別して使っています。ちょっと不思議に思われるかもしれません。英語などの外国語の文法の「主語」と日本語の「主語」とは意味がちがうのです。それは、言語の性質の根本的なちがいからくるものです。

英語は「独立語」として、それぞれ独立した語句が並んで文になります。たとえば、次の文です。

I love you.

Iは主語、loveは動詞、youは目的語です。それぞれ単独なので「語」と呼ばれます。語句の位置によって、文中でのはたらきが決まります。

それに対して、日本語は、「膠着語《こうちゃくご》」といって、自立語の名詞や動詞や形容詞に、助詞などの付属語がくっつくことで語句のはたらきが決まります。

次の例ではどうでしょうか。

私は　あなたを　愛している。

英語と同じく三つに分けられますが、「私は」は「主語」とは言えません。というのは、「私は」は、「私」プラス「は」で組み立てられています。つまり、「私」と「は」とは二つの語句なのです。複数なのですから「主語」とは言わずに、「主部」と言うべきです。

そもそも、「語」とは単語のことをいいます。しかも、単数の名詞です。「語」が複数になると「語《ご》彙《い》」という言葉があります。つまり、「語」とは単語のこと、「語彙」というのは単語の集合です。

このように、「主語」と「主部」とは、明確に区別される必要があるのです。

12

複文を切りはなす
親文と子文の分解

重文や複文で書かれた文は長くなりがちです。このような文を単位文に分解して単文に書き直すことができれば、簡潔で切れ味のいい文章になります。重文ならば、接続助詞のところで切りはなして、それぞれの単位文を独立させられます。

　ところが、複文はちょっとめんどうなのです。「親子文」と言えるもので、大きな単位文の中に小さな単位文が組み込まれています。複文の中の単位文は対等の関係ではありません。親文に子文がおぶさっていますから、子文を親文から単純に切りはなすことができないのです。上の図は客文素に子文が組みこまれた例です。

（親文）主部	（子文）主部＋述部 （ヲ）	述部
（ダレガ）	（ナニヲ）	（ドウスル）

複文の組み立て方

複文がどのような構造なのか、その成り立ちをつかんでおきましょう。

簡単な例文で複文の組み立て方を説明しましょう。

次のような二つの文があります。

①人がテラスに立っている。

②テラスは明るい。

二つの文には共通の語句「テラス」があるので、一方を他方に組み込むことができます。組み込む文が「親文」、組み込まれる文が「子文」です。

「子文」を名詞句にまとめて「親文」の共通語句に組み込みます。「子文」の名詞句は「親文」の助詞にしたがいます。①の「テラス」には「に」、②の「テラス」には「は」が付いています。同じ「テラス」という語句が、①では補文素、②では主文素です。

まず、共通名詞「テラス」を「……テラス」という名詞句のかたちにします。①と②を名詞句にすると次のようなかたちになります。もとの助詞はカッコにいれました。

③人が立っているテラス（に）

④明るいテラス（は）

①と②の文では、いずれも「親文」にも「子文」にもなれます。

最初に、①を「親文」にして、④を組み込んでみましょう。助詞は「親文」にしたがいます。そのままの位置に組み込んでみます。傍線部が、名詞句にした部分です。

⑤人が明るいテラスに立っている。

このままでは文として不自然ですから、少し修正します。添削の原則どおりに、主部と述部とを近づけます。ついでにテンも打ちましょう。これで完成です。

⑥明るいテラスに、人が立っている。

今度は、②を「親文」にして③を組み込むと、次の通りです。

⑦人が立っているテラスは明るい。

これも修正します。また、「人が」では一般論になってしまうので「その人が」と特定の人にします。

⑧その人が立っているテラスは明るい。

長すぎたり、読みにくかったり、意味が取りにくかったりする文はたいてい複文です。長い名詞句を含んでいます。それを見分けるには、「印しつけよみ」の「山カッコ」（46ページ参照）が役に立ちます。日ごろから、長い名詞句に山カッコをつけて読んでいると、いかに複文構造の文が多いか分かるでしょう。

いろいろな複文のかたち

親文の中のどの要素に子文を組み込むかによって、さまざまなタイプの複文があります。そのいくつかを示します。

最初の文が「親文」です。そのいずれかの語句に「子文」を組み込んでみました。その名詞句の部分は山カッコをつけて示します。

きのう　私は　東京へ　車を　運んだ。

・〈雨が降っている日〉私は東京へ車を運んだ。
・きのう、〈体調の悪い私〉は東京へ車を運んだ。
・きのう私は車を〈父の住む東京〉へ運んだ。
・きのう私は〈友だちがくれた車〉を東京へ運んだ。

どの語句の位置に子文が組み込まれているかお分かりでしょう。複文を単文に分けたときには、親文を先行させて、子文は後まわしにするのが原則です。

最初の文だけ二つの単文に書き換えてみましょう。

私は東京へ車を運んだ。その日は雨が降っていた。

あとの文については、ご自分で実際に書き直してみてください。

会話の切り分け

いろいろな複文を単文に切り分ける添削をしてみましょう。

もっとも簡単なのは、直接話法の会話が入った複文です。会話は「……と」で組み込まれます。

先生が「あなたはわかりますか」と尋ねた。

↓

先生が尋ねた。
「あなたはわかりますか」

会話は文として、簡単に独立させられます。

「ように」「ような」

「ように（修用文素）」「ような（修体文素）」でまとめられたかたちの複文もよくあります。

その景色は空が洗われたような美しさだった。

だった。　が

空は雨がけむるように白くなっていた。

が　だった。

組み込まれた「子文」を独立させるときには、「まるで……ようになる」、「まるで……ようだ」と言い切りになります。

名詞句の切り分け

名詞でまとまって山カッコでくくられる長い語句を単文として切り出してみます。

ジョバンニは明かりで飾られた街を歩いて行きました。

街は　ていました。

〈明かりで飾られた街〉は山カッコでくくれますから、主文のあとに単文で切り出しました。動詞や形容詞で修飾された句は、単文として切りはなせます。

> 私の前に背の高い子どもがいた。
> （子どもだった。）

〈背の高い子ども〉に山カッコがつきます。文にしたら「子どもは背が高い」となります。

「こと」「もの」「の」

単位文を名詞句にまとめるときによく使われるのが、「こと」「もの」「の」などの形式名詞です。もっと単純化すると「の」になります。

簡単に名詞句がつくれるのでよく使われます。これらの言葉が複文を見つける手がかりになります。

「こと」はおもにできごとに使います。たとえば「仕事をすること」「戦争をすること」などです。

「もの」はヒトを含めた実体に使います。たとえば、「仕事をするもの」「戦争をするもの」など、必ずしも「物」に限らず「人」にも使われます。

ただし、「こと」は一種の体言止めなので述部がア

イマイになりがちです。

> 仲間を信頼することは人間を信頼することだ。
> （君が）（すばらしい。）（それは）（につながる。）

「こと」でまとめられた名詞句を文のかたちにすることが基本です。そのために役に立つのが、「ダイ・ドドナ・ドドナ」の質問項目です。欠けている要素についておぎなうことができます。（119ページ参照）

> 自分が会社の一員であるのは、社長にいわれなくても分かっていることだ。
> （は）（それは）

このかたちの複文の構造を切り分けるには、「それは」「そのことは」などの指示語を使います。

「短かい文で簡潔に書け」というのは、文章論のイロハですが、短い文ばかりで文章が書けるわけではありません。単文には単文のよさがあります。重文や複文には独自の表現効果もあります。どんな文でもかまわず単文にすればよいのではありません。

文章の初心者は、文のかたちでものごとを分析できないので、ごちゃごちゃな文を書いてしまいます。すぐれた作家なら、意識して複文や重複文で思想を組み立てています。

文の構造が分からないまま書かれためちゃくちゃな文と、意識的に書かれた複雑な文とを一律に処理してはいけません。常識とは反対に、単文を複文に組み立てる添削が必要な場合もあるのです。

豆知識

「語句」と「文素」とのちがい

日本語でものごとを考えるためには文法が必要です。しかし、ひと口に文法といっても、いくつかの考えかたがあります。

みなさんがこれまで学んだ文法は、たいてい「語句論」の文法です。文についての理論というよりも、文中の語句についての理論です。語句を品詞として分類したり、その品詞が変化するかどうか考えたり、どのような活用をするかを問題にしています。

たとえば、高校時代に受けた古典の授業があります。先生が古文を単語に切り分けて、「この語は、動詞一段活用の未然形です」などと、ていねいに一つ一つ解説してくれたものです。みなさんも経験あるでしょう。

しかし、文章は生きものです。そんなやり方では、せっかくの生きた文章を殺します。まるで死体解剖です。「これが胃です。これが小腸です」といった解説をされるようなものです。生きたものは生きたままでそのはたらきをつかまなければなりません。

そんな文法に対して、「構文論」という文法があります。文の組み立てかたの理論です。文はどのように組み立てられるのか、どのように思想や考えを伝達するのかということを問題にします。じつは、これが本来の文法なのです。

日本語では「語」が直接、文を組み立てるのではありません。語から文を組み立てる中間に「文節」があります。「語」には、単独で文節となる「自立語」と、自立語にくっついて文節となる「付属語」とがあります。文節は、単独の自立語か、自立語プラス付属語でできています。

つまり、語が文節としてまとまり、さらに文節がいくつかまとまって文になるのです。文節のはたらきとして文が構成されます。それで、構文論では、文中の語句を「語」とは呼ばないで、「文の素」と書いて「文素」という呼び方をするのです。この本の中でも「語」と「文素」とは区別して使われています。

13 省略と抜け落ちとを見分ける

文レベルの添削でまず問題になるのは、一つ一つの文の意味です。文の意味がアイマイなとき、その原因として、文にとって必要な要素が欠けていることがあります。その場合には、欠けた言葉を書き加えることになります。

ただし、前文の要素が引き継がれているために省略されていることもあります。その場合には文の意味は明確です。省略された場合と抜け落ちた場合とを区別する必要があります。うっかりして抜けてしまうのが「抜け落ち」で、意識的に外すのが「省略」です。

そのちがいを見分けるためには、文法的な知識が少し必要になります。ちょっとめんどうですが、84ページの「文の成分（文素）・要素一覧」を見ながらしばらく解説をお読みください。

①文の主要成分

文を成り立たせるのは❶主部・主文素と❷述部・述文素という二つの「主要成分」です。述部があれば必ず主部はあります。しかし、省略されても分かるので、よく省略されます。

段落の最初の文に主語が書かれて次の文も同じ主語ならば、省略されます。話しことばならば、「持ってこい！」などと述語だけ言われても、あとは状況から判断できます。しかし、文では、そうはいきません。書かれた文章から読みとるしかありません。

次の例では、最初の文に主語があるので、あとは省略できます。用例は必ず声に出して読んでください。

私はしばしば外国へ行きます。私は国内旅行も好きです。私は友だちといっしょに行くのも好きです。

あえて一文ごとに「私は」を繰り返すと、自己主張するような印象になります。

②必要成分について

第二に省略されやすいのは、文の「必要成分」です。これを落とさずに書く場合と、省略して簡潔にする場合とがあります。

必要成分というのは、❸客文素と❹補文素の二つです。英語の文法なら、目的語、補語にあたります。必要成分とは、おもに動詞にとって必要な成分です。それぞれの動詞ごとに要求する文素が決まっていますから、省略されても補えるのです。

❸客文素は他動詞にとって動作の対象として必要な要素です。格助詞「を」が目印です。❹補文素は、自動詞と他動詞とを問わずに必要な要素で、「に、と、へ、より、から」という五つの助詞が目印です。

たとえば、次の文をご覧ください。

私は夜寝る前に好きな本を読みます。私は好きな本をゆっくりと読みます。

主文素「私は」と客文素「好きな本を」とが省略されたので簡潔な文になります。

動詞の必要成分とは

それぞれの動詞がどのような成分を必要とするかは、各動詞ごとに決まっています。もう少し詳しく見てみましょう。

まず、動詞は他動詞と自動詞とに分かれます。他動詞とは、❸客文素（〜を）を必要とする動詞です。た

文の成分（文素）・要素一覧

	正式用語	入門用語	用例	旧文法用語対照
①主要成分	❶主部・主文素	ナニガ（ダレガ）	ヒトが、モノが、コトが	主語
	❷述部・述文素	ドウスル（ドウダ・ナニダ）	ドウする、ドウだ、ナニだ	述語
②必要成分	❸客文素	ナニヲ	ヒト／モノ／コト → を	客語・目的語
	❹補文素	ナニニ（ト・ヘ・ヨリ・カラ）	ヒト／モノ／コト → に、と、へ、より、から	補語
③自由成分	❺修体文素	ドンナ	青い（空）、白い（雲）、私の（本）	連体修飾語
	❻修用文素	ドノヨウニ	ゆっくり（歩く）、ときどき（出かける）	連用修飾語
	❼時・所（修用）文素	トキ・トコロ	昔、元文三年、大阪で、水中で	連用修飾語
④その他	❽助動語	シッポ	～そうだ、～らしい、～ようだ、～みたいだ	助動詞・補助動詞・終助詞
	❾吸着辞	マトメ	～こと、～もの、～ようす、～ため、～の	形式名詞・準体助詞「の」
	❿接続文素	ツナギ	しかし、だから、また、それで、つまり	接続詞など
	⓫独立文素	独立文素	はい、いいえ、もしもし、あら、○○さん	感動詞など

大久保忠利著『楽しくわかる日本文法』18ページの表を改定

とえば、「食べる」という動詞は他動詞です。対象となる食べ物として、たとえば、「ご飯を」がなければ「食べる」ことはできません。さらに、そのほかの補文素を必要とすることもあります。

また、他動詞と自動詞とを問わず、❹補文素を要求することもあります。

それでは、「運ぶ」という動詞には、どんな要素が必要でしょうか。次のような文が考えられます。

私は　荷物を　東京から　大阪へ　運ぶ。

必要なのは「ナニヲ」「ドコカラ」「ドコへ（ニ）」の三つです。「荷物を運んだ」という文ならば、「荷物を」はありますから、「どこからどこへ運ぶのか」と考えます。さらに「荷物」がどんなものなのかはっきりしないなら、「どの荷物か」「どんな荷物なのか」と考えます。そこから必要な語句が分かるのです。

③自由成分について

自由成分というのは、書き手が自由に付け加える要素です。なくても文法的な文ができます。あってもなくてもよいので、「自由」というのです。

しかし、修辞的には重要なものです。書き手にとって自由成分が腕の見せどころなのです。文の基本的な意味は、主要成分と必要成分によって理解できます。その先の微妙な表現を受け持つのが自由成分なのです。

次の例文をご覧ください。三つの傍線部分が自由成分です。

メルヘンのサンドイッチは、すべて、店内の厨房で心をこめて、作っております。

述文素は「作っております」です。「おります」という謙譲の表現から、「私たち」という隠れた主文素がわかります。「サンドイッチは」は一見したところ主文素のようですが、「は」は「が」ではなく、「を」に置き換えられます。それで、「サンドイッチを」は

❸客文素です。この文に隠れているのは「私たち（店の者）」です。なかなかシャレた文です。

「すべて」「店内の厨房で」「心をこめて」は、すべて❻修用文素です。「店内の厨房で」の「店内の」は、ふつうの❺修体文素ですが、「店内の」という言葉から外から持ち込むのではないという親しみが感じられます。「心をこめて」と修飾が重なるとますます親しみがわきます。

これらの自由成分を外したら、次のような味気ない文になってしまいます。

（私たちが）サンドイッチをつくっています。

添削で補える要素

つまり、省略されているときに添削で補える要素は、主要成分の❶主文素と、必要成分の❸客文素と❹補文素です。自由成分の❺修体文素、❻修用文素は、文のながれの中から読みとれる範囲に限って付け加えることができるのです。

もしも、添削者の思いつきで書き加えてしまったら、原文の趣旨から外れてしまうことになります。

それでは、必要成分の欠けた文に言葉を加える例をいくつかあげておきます。実際の文章では、文脈から必要成分を読みとるのですが、例文は単独の文なので、わたしの想像で添削しました。

そのころ、私は〔近所の友だちと〕よく遊んだものだ。

私はすばらしい贈り物を〔叔父さんから〕もらったことがある。

三郎は夕方になると〔部屋から〕出て行った。

その日、私は〔クラスの女子に〕思い切って手紙を渡したのである。

形容詞の必要成分

必要成分を要求するのは動詞ばかりではありません。形容詞でも、比較の意味の形容詞には、必要とする❹補文素があります。

君は誰よりも美しい。

受身文と使役文での必要成分

受け身の文では、必ず「〜から」か「〜に」が必要となります。

吉村は珍しい贈り物をふしぎな人から手渡された。

私は隣の席の女性にひどく笑われた。

使役の文「させる」の場合には、「〜（人）に」「〜を」と二つが入ります。どちらか一方が抜け落ちる可能性があります。

私は知人に買い物をさせた。

文の要素が抜けているかどうかは、文のながれを見ることで判断できます。単文ならば抜け落ちることが少ないものです。ところが、重文や複文になると、抜け落ちてしまうことがよくあります。

❷述文素があれば、必ず、❶主文素があります。❶主文素が書かれていなくても、それは隠れているのであって、ないわけではありません。ただし、意図的に❶主文素を隠すような文もあります。

また、必要成分の❸客文素と❹補文素について、それぞれの動詞や形容詞がどの要素を求めるかということは文法では決まっています。しかし、わたしたちは文法として学んでいません。日本語を使いながら、無意識に身につけているのです。ですから、添削をするときには、あらためて意識的に考えなければなりません。添削の「添」とは、まさに文にとって必要な言葉を書き加えることなのです。（必要成分についての研究は、下川浩著『現代日本語構文法』、『コトバの力・伝え合いの力』が詳しい）

14 時間と場所をつかむ

文章のなかで内容が転換する場合は、二通りあります。一つは、論理による転換です。これは、おもに理論文におけるもので、接続語によって示されます。もう一つの転換はトキ・トコロの転換です。これは文学文による物語の展開、時間の経過と場面の移動によるものです。

①論理における転換

理論文には場面がありません。書き手の観念による世界ですから、空間や時間は中心問題ではありません。

②物語における転換

文学文には登場する人物がいます。人物には時間と場所が必要です。そこからすじが生まれてストーリーを展開します。

場面の表現は現実をとらえる手がかりです。理論文の基礎にもなります。だから、理論文でも場面をつくって情景を描くことがあるのです。ただし、それは理論文の中心にはなりません。事例や論証として使われます。

文学的表現においては、あらゆる行動・できごとには、時間と空間がつきものです。人の行動やできごととともに、背景にあるトキ・トコロも書かれています。ただし、文で明確に書かれているとは限りません。「イツ、ドコデ、ダレガ、ナニヲ、ドウスル」という要素が物語の基本の順序です。トキ（時間）、トコロ（場面）はちょっとした言葉で示されます。

読み手は文章を読みすすむうちに、はっきり意識しないままに、「場」としての時間と空間をつかんでい

●――時間（トキ）の転換の単位

①時代	かなり長い年月の単位
②世紀	１００年単位の年代
③昔	「十年一昔」
④年／年月	一年＝３６５日
⑤季節（春・夏・秋・冬）	一季節３か月単位
⑥月／月日	一と月＝30日
⑦旬日（上旬・中旬・下旬）	十日単位
⑧週	七日間
⑨日	一日＝24時間
⑩午前／午後	一日を12時間に分ける
⑪朝・昼・夜	一日を8時間に分ける
⑫時／時間	1時間＝60分
⑬分	1分＝60秒
⑭秒	60秒＝1分
⑮瞬間	時間はゼロ

きます。「場」があったことを意識するのは、むしろ場面が転換したときです。

文章のなかで一文ごとにトキ・トコロが書かれているわけではありません。同じ場面で連続した時間のながれならば省略されます。ですから、場面が転換したときにこそ、はっきり示す必要があるのです。トキ・トコロの明確な表現があるならば、場面の転換がはっきりします。

それでは、トキ・トコロは、どのような語句で示されているのか、実例を見ながら考えてみましょう。

トキの示し方

時間の指定というものはいろいろあります。上の表をご覧ください。どのようなレベルで指定するかによって、さまざまな表現ができます。

次の文では「黄昏のころ」が、一日のうちのある時間帯を示しています。

黄昏のころ私は叔母と並んで門口に立っていた。

トキの転換は客観的なものとは限りません。書き手を基準にして、年齢による時間の経過で示すことがあります。

六つ七つになると思い出もはっきりしている。

四年生になってから、私の部屋へは毎日のように二人の生徒が遊びに来た。

文章の添削においては、場面が転換したのにトキがはっきり示されていなければ書き加えます。

> 毎日/ときどき/はじめて
> 双眼鏡でスズメを観察してみた。

> それから三日経った
> そして、六月八日の日曜日に、スズメがやってきた。

文章のながれを示すには、客観的な日付や日時を書くよりは、前のエピソードとのつながりで時間の経過を示す方がよいのです。場面の具体化にもなります。

トコロの示し方

トコロは必ずしも場所で示すとは限りません。簡単な語句一つで場面が浮かび上がることもあります。

書き手に場面の意識があれば、単純な言葉でトコロを示すことができます。しかも、場面を細かく限定して描くことができます。

次の例では、トキを細かく限定し、さらにトコロも三段階で限定しています。

私が三年生になって、春のあるあさ、登校の道すがらに朱で染めた橋の丸い欄干にもたれかかって、私はしばらくぼんやりしていた。

つまり、「三年生になって」で「私」の時間を示し、「春のあるあさ」で季節、「登校の道すがら」で「私」の場所、「橋」と「欄干」で「私」の位置を描写しています。

文章の添削では、簡単な言葉を付け加えることで、トコロが場面として浮かび上がります。

社長室へ向かった。社長の前で私は姿勢を正してお辞儀をした。

「社長の前で」というのは位置を示す語句ですが、「私」と社長とが向かい合った情景が見えます。「私」の位置や場所を示すことで場面が描けるのです。

また、報告や提案でも、仕事の行程や作業の行程を説明する場合に、トコロの語句を入れます。そうすると、場面が見えてきます。

その場で立ちあがって／ホワイトボードの前で私は考えてきたプランを発表した。

初心者はなかなか場面のある文章が書けないものです。自分の思いや考えを直接に書こうとするので、文章が抽象的になります。というのは、人の行動やできごとには、トキ・トコロがあるということが意識できないからです。

書き手自身の思いや考えについても、そのことを「イツ」「ドコデ」考えたのかという「場」があります。それが文章から読み取れるように、トキ・トコロを言葉で示すことが必要なのです。

トキ・トコロの総合表現

一つの文でトキとトコロを総合的に示すような表現

もあります。二つのみごとな例をあげておきましょう。トキとトコロが転換するということは、文章の「話題」も転換することです。

次の例では、トキ・トコロのあとで、「赤い糸」という話題も示されています。

秋のはじめの或る月のない夜に、私たちは港の桟橋へ出て、海峡を渡ってくるいい風にはたはたと吹かれながら赤い糸について話合った。

つぎの例でも、トキ、トコロが同時に示されて、さらに話題も想像できます。

正月が過ぎて冬休みも終わりに近づいた頃、私は弟とふたりで、文庫蔵へはいってさまざまな蔵書や軸物を見てあそんでいた。

話題とは、「ダレガ、イツ、ドコデ、ドウスル」というかたちでできごとがまとまったものです。単独の語句で示されるものではありません。ですから、トキ・トコロを基礎にする必要があるのです。

文章は一文一文が独立したものではありません。文頭から読んでいって、しだいに全体の状況が組み立てられます。つまり、文章のながれとともに、トキ・トコロは変化するのです。

トキ・トコロの表現は、おもに文学文の展開に見られるものです。しかし、あらゆる行動やできごとの背景にあります。理論文では客観的にトキ・トコロを示しますが、文学文では書き手との関係で表現されます。文学文でも、随筆では思いや観念が書かれますから、トキ・トコロによる「場」の表現は重視されません。しかし、現実をとらえた文章を書くためには、やはり、トキ・トコロを基礎にした表現が重要なのです。

15 助詞の使い分け

俳句や短歌の添削では、まず「てにをは」が問題になります。文章論でも、「が」と「は」の使い分けについてはよく取りあげられます。

日本語では、独立した語句に補助的な語句がくっついて、文中でのはたらきを示します。そのはたらきを文素と呼びます。語句が文節の単位で文素としてはたらくのです。

助詞は、独立語に付属する品詞で「てにをは」などのことです。単独で名詞のあとにくっついたり、いくつかまとまって使われたりします。

助詞の一覧表

まず、助詞の一覧表をご覧ください。助詞は四種類に分けられます。「格助詞」「副助詞」「接続助詞」「終

●──助詞の分類一覧表

種類	例とはたらき
①格助詞	が、の（主文素） を（客文素） に、と、へ、より、から（補文素）
②副助詞	は、も、こそ（ここまで係助詞とも）、さえ、でも、しか、だけ／のみ、など／なんか／なんて／なんぞ、か、ばかり、ほど／くらい、まで
③接続助詞	つつ（同時）、ば（条件）・たら（帰結）、ので（因果）、が（逆接）・し（付加）・から（説明）
④終助詞	か（疑問）、な（禁止）（文類助詞） よ、わ、さ、ね、とも、ぞ（情感助詞） ね、さ、よ（間投助詞＝文節にも付く）

助詞」です。「格助詞」は名詞かそれに準ずる語句にくっついて、文節の役割を示します。「副助詞」は、それがくっついた文素の意味を強めます。「接続助詞」は単位文をむすびつけて論理的な関係を示します。「終助詞」は文末について、文の微妙なニュアンスを示します。

ここで取りあげるのは、強調表現のための「副助詞」と会話のニュアンスを表現する「終助詞」です。

強調表現と「副助詞」

「副助詞」の分類は次ページの表をご覧ください。おもなものは十二種類です。最初の三つの副助詞「は、も、こそ」は「係助詞」とも呼ばれています。学校時代に古典で、「係り結び」のきまりとして学んだ覚えがあると思います。

副助詞は、格助詞「が、の、を、に、と、へ、より、から」の代わりに使うか、格助詞と組み合わせて使います。格助詞と入れ替えることで、その助詞のつく語句の意味が強まります。

格助詞の代わりに副助詞を使うことによって、強調した意味の表現になります。

まず、かんたんな例から見ましょう。

「山が」の「が」の位置に、入る限りの副助詞を入れてみましょう。入らないものの方がむしろ少ないでしょう。一つずつ入れて、声に出して読んでください。

山が明るく輝いた。

「は、も、さえ、だけ、のみ、ばかり、まで」が入れられます。「こそ」「でも」「しか」は使えません。入れた文を音読してみると、意味のちがいが感じられるはずです。「は」は、ほかのものから取り分けてという意味、「も」は、他のものと並べてという意味です。

今度は、客文素の「を」の代わりを考えましょう。「を」を残して副助詞をつけることもあります。文のちがいによって使える副助詞が限定されます。

●副助詞の意味と使い方

助詞	意味	使用例
①は	主題、対照、否定、トキ・トコロの場面設定	人間は道具を作ります。国土は狭いが人口が多い。
②も	追加、数量の多い少ない	泳げない人は三人もいました。
③こそ	特定する、指定する	今度こそがんばろう。
④さえ	極端な例、十分な要件	こんな問題は小学生でさえ解ける。
⑤でも	極端な例からの選択	これは大学生でも解けない問題だ。
⑥しか	否定のための少しの量	泳げる人は三人しかいない。
⑦だけ／のみ	物事を限定する	関係者だけ入場できる。分かる者のみ知っている。
⑧など	ほかにも同じものがある	酒など飲んでいられない。漫画なんか読んではいけない。
⑨か	特定しないで指定する	だれかこの人を知りませんか。
⑩ばかり	およその数量、対象の限定	一時間ばかり外出します。日本人ばかり来ました。
⑪ほど／くらい	およその数量や程度	三〇分ほど待たされた。涙が出るくらいおかしい。
⑫まで	物事のおよぶ範囲	あなたまでそんなことをいうのか。

私は友人の貸してくれた本を隅から隅まで読んだ。

単独で使える副助詞は、「は、も、のみ、さえ、だけ、のみ、など、ばかり、まで」です。「本まで」というと、ほかの本は読み切っていることが連想できます。また、一文ごとに入れて読んでみてください。

「を」を残した「をば、をも」という表現があります。「をば」は「を＋は」の言い方で古いものです。「は」は取り立てですから、他の本は読まないという意味です。意味を明確にするには「本だけ」「本ばかり」とするとよいでしょう。「をも」は「も」の正確なかたちです。

「私は」と書くとき、「に」を省略しがちです。取り立ての意味が、より強く感じられるからでしょう。「私は分からない」と「私には分からない」のちがいです。夏目漱石の小説「こころ」で、うるさいほど「私は」が繰り返されるのは、それが語り手の自己主張の表現だからです。

こんどは「に」につける副助詞です。文の意味との関係で、使える副助詞は限られてきます。次の文ではどうでしょうか。

私の知人は専門店に買い物に行く。

「に」はほとんどの場合、副助詞と組み合わせて使います。肯定文なので否定の「しか」は使えません。使えるのは「も、だけ、のみ、ばかり」です。この例でも、「に」を外せません。「にも、にだけ、にのみ、にばかり」となります。例によって、一つずつ入れて声に出して読んでください。

副助詞を格助詞にもどす

今度は添削の練習として、文中の副助詞を格助詞に書きもどしてみましょう。それによって、どんな格助詞を強調していたのかが理解できます。そして、普通の言い方とのちがいも分かります。

私は東京の家にくる婆のことだけ覚えている。

祖母は「はい」というだけで、もう何も言わなかった。

少女は「一つだけください」と言った。

私は知人が笑っていたことだけは忘れない。

あの人は部屋にばかりいました。

おなじころ、おばとも別れなければならぬ事情が起こった。

うちの人は、私が本さえ読んでいたら、それを勉強だと思っていた。

会話のニュアンスと終助詞

文学文では会話のかたちの文をよく使います。会話の言葉に微妙なニュアンスをつけるのが終助詞です。次ページの一覧表にしました。

三種類に分類できます。文類助詞の「か（疑問）」「な（禁止）」は、文の判断に関わるものですから、理論文のなかでも使います。しかし、そのほかの間投助詞や情感助詞はほとんど使いません。

たった一文字ですが、文の印象を変える力があります。ちょっとくだけた表現をするときには有効なので

●終助詞の使い方

分類	助詞	用法	おもな用例
①文類助詞（疑問／禁止）	か	疑問、質問、反語、誘い、驚き、確認	知らないのか、行かないか
	な	禁止、確認	もうするな、そうだな
②間投助詞（文節にも付く）	ね	同意、納得、確かめ	分かったね、いいね、そうだね
	さ	主張、投げやり、伝聞、強い疑問、中断	まちがいないさ、なのさ
	よ	押しつけ	君もやれよ
③情感助詞（感情の表現）	の	（おもに女性／子ども）断定、質問、説得	そうなの、わかるの、行くの！
	ぞ	ひとりごと、強い主張	やるぞ、知らないぞ
	わ	（おもに女性）主張、確認、納得、感動、驚き	わかるわ、そうだわ、山だわ！
	とも	同意、同感	分かったとも、そうだとも

すね。――といった使い方です。それぞれの終助詞の性質は微妙にちがいますから、いろいろ工夫すると文章を書くのが楽しくなりますよ。

添削をするときには、それぞれの文章の調子に応じて使うようにしましょう。文体によっては、会話に限定することなく、文章の調子を変えるのに使えます。いろいろと試してみてください。

それでは、みなさんの表現に生かしてくださいね。

「に」に付く複合格助詞

格助詞の「に」は、文章の中ではとても多く使われます。さらに、ほかの助詞や助動詞をつけ加えて、複合された格助詞にもなります。それらの言い方を知っておくと、「に」についての微妙な言い回しの表現がもっと広がります。

もともと、「に」の用法は広いものです。まず、「二時に会おう」というように時を示します。次に、「あの人は町にいる」と位置を示します。また、「どこに行くの？」と方向を示します。では、「ぼくに任せろ」「山田くんに会う」は対象（相手）です。

『広辞苑』には十二通りの用法があがっています。用例を外して引用しておきます。

①時を指定する。②所・方角を指定する。③対象を指定する。④貴人・目上を直接主語として立てることを避け、場所として表現して敬意を表す。⑤受身・使役の相手を示す。⑥目的を指定する。⑦資格を指定する。⑧原因・機縁などを示す。⑨結果を示す。⑩本質・内容・状態を示す。⑪材料・背景を示す。⑫比較・対照・組合せ・割合などの基準を示す。

このような「に」に言葉を加えて作られたものが複合格助詞です。うまく使えば、単独の「に」を使うよりも意味を明確にすることができます。いくつかの種類について一覧表にまとめました。（下川浩著『現代日本語構文法』を参考にした）

●――よく使われる複合格助詞の表現

複合格助詞	代用の格助詞	使用例
①において	で（場所・時期）	この事件は学校において発生した。
②について	を（論の対象）、に（割合の基準）、で（理由）	ここでは文章理論については論じない。過半数の人について調査した。流行の原因について探求した。
③にあたって／に際して	に／で（機会を示す）	卒業の時期にあたってお礼を申し述べたい。
④に関して	を（関連する対象）	もう一つ重要な問題に関して言うべきことがある。
⑤に対して	に（反対・応答・関心の対象）、より（比較の対象）	この問題に対してわたしは反対です。水に対して油の量が多すぎる。
⑥にとって	に（判断・評価の主体）	それは私にとって容易な課題です。
⑦にわたって	（なし）（範囲を示す）	奇病が北海道から九州にわたって流行している。
⑧によって／により／によれば	に（動作主）、で（原因・理由・手段・方法・材料）、から（判断の基礎）	作者によって書き加えられた。紙によって作られた。筆跡によって身元が判明した。
⑨にして	で（水準）	成績優秀にして非の打ち所なし。
⑩として	で（立場を示す）	この会社の社員としてのつとめを果たす。

16 助動詞と文末表現

文章論で必ず問題になるのは、「事実」と「意見」とのちがいです。「事実と意見とを区別して書きなさい」というわけです。では、「事実」の文と「意見」の文とのちがいはどこにあるのでしょうか。それが分かれば、明確に「事実」と「意見」とを区別して書けるでしょう。

また、アイマイな文章というものがあります。書き手の考えや思いばかりで、事実の裏づけがなくて信頼できないような文章です。どのようにしたら、読み手から信頼される文章になるのでしょうか。

たとえば、だれかが「空が青い」と言ったとします。現実の世界ならば、それが事実かどうか、実際に空を見て確かめられます。しかし、文章ではそうはいきません。文章は言葉の世界です。書き手がどれだけ現実をつかんでいるかどうか、どれだけ確信しているかについては、文章から判断するしかありません。

考えの正しさとは、書かれたことと現実との対応にあります。理論文では、現実とのつながりを示すために、いろいろな実例をあげたり、理由や根拠を示したりします。しかし、その前提として、それぞれの文の確信度が問題になるのです。

考えの基本単位は文です。文の根本について考えてみましょう。次ページの表をご覧ください。文の中心には「命題」があります。命題とは、「ナニガ＋ナニダ」というかたちの考えです。書き手の「判断」を表わしています。

さらに「アルファ」がプラスされます。その命題について書き手がどれほど確信を持っているかという態度の表現です。それが「シッポ」のようなかたちで文末にくっつくのです。文末が動詞とか形容詞だけの単純な文は、めったにありません。たいてい何か「シッポ」がくっついています。その代表が助動詞なのです。

文＝命題（ナニガ＋ナニダ）＋アルファ

文章の世界は、すべてが書き手の考えです。すべての文のあとに「……と思う」と付けてもいいくらいです。文章を読むことは、書き手の考えと現実とを比較して考えることです。文の命題を理解するとともに、それについて書き手がどれほどの真実さのもとで書いているか読みとる必要があります。

助動詞の種類

助動詞は四種類に分類できます。下の表をご覧ください。ここで問題にする「C態度助動詞」は、あとで

●助動詞の分類一覧

種類	はたらき	助動詞
A 記述助動詞	受身	れる／られる
	使役	せる／させる
B 論理助動詞	述定	だ
	否定	ない
	肯定	ある
	完了／過去	た
C 態度助動詞	希望	たい
	当為	べき（だ）
	様態	らしい、そう（だ）、よう（だ）、みたい（だ）、ふう（だ）
	推測	う／よう、だろう、まい
	伝聞	そう（だ）
	意志	う／よう、まい
D 文体助動詞	丁寧	です、ます

詳しく取りあげます。それぞれの助動詞について簡単に説明しておきます。

「A記述助動詞」は、行動や動作の方向性を定めます。「受身」と「使役」の表現です。「受身」は人から動作を受けることで、「使役」とは人を使って動作をさせることです。

「れる／られる」と「せる／させる」の使い分けは、動詞の活用の型のちがいによるものです。サ変動詞「する」と五段動詞（例、書く）には、「れる」と「せる」をつなぎます。カ変動詞「来る」と一段動詞（例、着る）には、「られる」と「させる」をつなぎます。

「B論理助動詞」は四種類で、「だ（述定）」「ない（否定）」「ある（肯定）」「た（完了／過去）」です。**「C態度助動詞」**は、文末で命題についての書き手の態度を示します。これが文末表現の中心になります。**「D文体助動詞」**は「です・ます体」を作る助動詞です。表現を丁寧にして命題を伝達します。

態度助動詞による表現

態度助動詞の用法は六通りです。次のページの「態度助動詞一覧」をご覧ください。

文によって付けられる助動詞がちがいます。たとえば、「空が青い。」という文の文末には、どの助動詞が付けられるでしょうか。

③様態、④推測、⑤伝聞は付けられますが、①希望、②当為、⑥意志は付けられません。どの表現を選ぶかが書き手の見せどころなのです。

それでは態度助動詞の用例を順に説明しておきます。

①希望

人間の意志です。一人称の意志に使います。「たい」は自然現象や状態には当てはまりません。たとえば、「日本は平和である」というのは状態ですから、希望の形容詞、「〜（て）ほしい」を使います。

態度助動詞一覧

意味	助動詞	使用例
①希望	たい	その日になって、女は私に会いたいという別の女の人を連れて来て、例の話はこの次に延ばして貰いたいと云った。
②当為	べき（だ）	あれは嫌だ、これは嫌だと云うのは贅沢な我儘で到底教師の家にいる猫などの口にすべきところでない。
③様態	らしい、そう（だ）、よう（だ）、みたい（だ）、ふう（だ）	その膏切って肥満しているところを見ると御馳走を食ってるらしい。／君も車屋の猫だけに大分強そうだ。／君少し顔色が悪いようだぜ。／額の生えぎわが富士のかたちに三角になって女みたいなのをいまいましがっていた。／私の家に関する私の記憶は、総じてこういうふうに鄙びている。
④推測	う／よう、だろう、まい	君もいつか人生が分かろう。／先生もその話をいつかしよう。／私はそうした種類の文字が、忙がしい人の眼にどれほどつまらなく映るだろうかと懸念している。／主人の食い剰した雑煮がもしや台所に残っていはすまいか。
⑤伝聞	そう（だ）	君は赤ん坊に大根おろしをなめさしたそうだな。
⑥意志	う／よう、まい	「そこまでいっしょに行こう」／「そりゃちょうどいい久し振りでいっしょに散歩しよう」。／この時から吾輩は決して鼠をとるまいと決心した。

僕はパンを食べる。→ 食べたい。
今日は片付け物をする。→ したい。
日本は平和である。→ でありたい。／であってほしい。

また、人の意志であっても、三人称の場合には「たがる」になります。たとえば、「わたしは外出したい。」に対して、「彼は外出したがる。」となります。

②当為

「当然そうである」とか、「そうであるべきだ」という意味です。これによって言われることの方向が決まります。意志的な行動が可能なものにつけられます。また、現在と未来とのことに限られます。過去のことについては使えません。

会社の経営がうまくゆく。→ 会社の経営はうまくゆくべきだ。
君はまじめに勉強する。→ 勉強するべきだ。

③様態

「ようす」と「状態」について示す助動詞です。この文末は、書き手による意志ではなく、状況判断です。事態についてどれだけの確信度があるかという表現です。態度助動詞のなかで最も種類の多いものです。

「空が青い」という文に五通りつないでみました。一つ一つ声に出して読んで意味のちがいを確かめてください。一つだけ使えないものがあります。

空が青いらしい。
空が青いそうだ。
空が青いようだ。
空が青いみたいだ。
△空が青いふうだ。

会社が繁栄するはずでしょう。
空が青いかろう。
貸した金は返るまい。

たいてい「だろう」を使います。「う」「よう」は古い言いかたです。「まい」は否定の推測です。

④ **推測**

推し測って判断します。様子や状況を見たわけではなく、頭のなかで考えた判断です。それぞれ、三通りのいずれかが付けられます。

山田くんがくるはようだろう。
空が晴れただろう。

⑤ **伝聞**

他人から聞いた命題につけます。「〜と聞いた」の意味です。③様態と同じ形なので区別してください。

雨が上がったそうだ。
山田くんが合格したそうだ。

⑥意志

命題についての書き手の意志を示します。動詞に付きます。「う」と「よう」は接続がちがいます。サ変動詞「する」とカ変動詞「くる」と一段動詞は「よう」につながり、五段動詞だけが「う」につながります。

私は絵を描~~く~~こう。
私はご飯を食べ~~る~~よう。
明日私が来~~る~~よう。
掃除は私が~~する~~しよう。

「よう」は③様態と同じ形ですが、こちらは意志のある動詞に付きます。行動につながる意味があります。

僕はもう借金をす~~る~~まい。

「まい」は五段動詞の終止形、カ変・サ変・一段動詞の終止形・連用形につながります。

意志を否定して「もうしない」というときが「まい」です。強調の意味があるので、「もう（絶対に）……まい」は呼応の関係にあります。

以上のうちで、判別しにくいものがあります。③様態の「よう（だ）」、④推測の「う／よう」、⑥意志の「う／よう」の区別です。かたちがよく似ていますので、文をよく読んで区別するようにします。

副詞との呼応の関係

以上、「シッポ」となって、書き手の態度を表現する助動詞の解説をしました。

最後に、態度助動詞と密接な関係のある副詞を紹介します。いわゆる「呼応の副詞」と呼ばれているものです。文を組み立てるとき、この副詞があれば必ず、それに対応する助動詞で応ずるという関係のことです。

いくつか決まったものについて一覧表を作成しましたので参考にしてください。

呼応の副詞の用例

副詞	応答	意味	用例
①どうか／ぜひ	～てくれ／～てほしい	命令／願望	・どうか手伝いをしてくれ。 ・どうか教えてほしい。 ・ぜひこの会社に投資してほしい。
②きっと／必ず／絶対（に）	～する／～なる	断定（意志／帰結）	・きっとよくなる。 ・かならず高くなる。 ・絶対に勝利する。
③いったい／はたして	～か？	疑問	・いったいその怪獣はいるのか？ ・はたして火星人は存在するのか？
④たぶん／おそらく	～だろう	推量	・おそらく人はいないだろう。 ・たぶんいないだろう。
⑤決して／全然／まったく	～ない	否定	・決してそんなことはしない。 ・全然品物がない ・まったく事情を知らない。
⑥つい	～しまう	帰結	・つい朝は寝過ごしてしまう。
⑦いかにも／まるで	～ような（ように）／ ～みたいな（みたいに）	様態	・いかにも疲れたような歩き方 ・まるでダイヤみたいに光る。
⑧どうしても	～たい／～ない	意志／否定	・どうしても目標を達成したい。 ・どうしても先が見えない。

17 です・ます体の表現

口語の文体には、「常体」と「敬体」とがあります。常体とは、「である体」とも言われます。文末が「だ」「である」で結ばれる文体です。これは自分の考えを表現して書くのに適しています。学校の作文や文章勉強でも常体で書くのが普通です。

ところが、一般社会では、敬体の「です・ます体」が多く使われています。というのは、社会生活は人と人とのやりとりですから、相手を意識した「です・ます体」で書くのが普通なのです。

というわけで、常体を「です・ます体」に直す添削が必要なこともあります。

です・ます体の使い分け

最初に、「です」と「ます」の使い分けを確認しましょう。この二つの使い方のちがいは、次ページの表のとおりです。

「です」は、断定の助動詞「だ」の丁寧形です。名詞あるいは形容動詞（ナ形容詞）の語幹につけられます。「ます」は、動詞の連用形につけられます。

> あの娘は知人の妹~~だ。~~です。
> 湖の水面はとても静か~~だ。~~です。
> 電車が走~~る。~~ります。

形容詞とです・ます体

面倒なのは、形容詞に付ける場合です。近ごろは直

	接続	用例
です	①名詞	青く美しい空です。
	②ナ形容詞の語幹	ぼくは元気です。
ます	動詞（連用形）	私は歩きます。 ぼくも食べます。

接「です」をつけることがよくあります。「うれしいです」とか「美しいです」とか言います。ちょっと幼稚な感じです。いくつか解決策があります。

形容詞と「です」のあいだに名詞をはさめばよいのです。よく使われるのが「こと・もの」という形式名詞です。さらに簡略化した「の」も使います。

> **私はそれを知ってうれしいです。**
> **そんなことはないです。**

ただし、「の」を入れると、意味が強調されるのが欠点です。

次の文では、「だ」を「なのだ」の強調に変えて「です」をつけました。

> **社内の改善が必要だ。**

過去形の「た」

「です・ます」は文末のいちばん終わりにつきますが、さらに「た（完了／過去）」があるときには、「です・ます」のあとになります。

> **私はまじめに仕事をします。**
> **その人は学校の先生です。**

また、進行形「ている」と完了「た」があるときには、「ます」は「ている」と「た」のあいだにはいります。

空が晴れていた。（まし）

疑問と「です・ます」

疑問をあらわす助詞「か」、禁止の「な」は、「です・ます」のあとに付けられます。

町がにぎやかだ。（ですか？）
空が晴れた。（ましたか？）

否定文と「です・ます」

否定文には「です・ます」をどのように付けたらいいでしょうか。いちばん簡単なのは、否定文の終止形に「です」をつけることです。あとから付け足せるのでつい使ってしまいます。

△空が青くないです。
△わたしはまだそこに行かないです。

しかし、「です」は名詞かナ形容詞の語幹に付きます。助動詞「ない」は形容詞と同じ活用なので、「です」をつなぐと不自然です。

それに代わるのは、次のような言い方です。

空が青くない。（ありません。）
わたしはまだそこに行かない。（きません。）

前の文では、否定の助動詞「ない」を動詞「ある」に変えて「ます」の否定形「ません」をつけました。

あとの文では動詞「行く」に「ません」をつけました。

否定の過去形と「です・ます」

さらに、否定に「た」が付くとどうなるでしょうか。
単純に「です」をつけてみます。

△空が青くなかったです。

もっといいのは次のような直し方です。

空が青くなかった。　→　空が青くありませんでした。

否定の「ない」を「ある」にして「ません」をつないで「です」の過去形をつなぎました。
どうしても「です」にしたければ、形式名詞「の」や「もの」「こと」をはさんでつなぎます。強調の表現ならばこれも使えます。

空が青かった。（のです。）
空が青くなかった。（のです。）

「ます」と他の助動詞

「ます」との関係で問題になる他の助動詞は、「受身」と「使役」です。
「使役」の助動詞は「せる／させる」、「受身」の助動詞は「れる／られる」です。どちらのあとにも「ます」がつきます。

ぼくは兄にピーマンを食べさせる。（ます。）
ぼくは兄にピーマンを食わされる。（ます。）

さらに、助詞の疑問「か」・禁止「な」は、「です・ます」のあとになります。（99ページ「終助詞の使い方」参照）

弟が行きます。
兄を行かせます。

禁止の意味では、「を」を、強調「は」に代えるのが自然です。

「とんでもございません」の誤り

話しことばではよく使われていますが、文法的にははちがった言い回しです。「ございます」は、「ある」プラス「ます」の丁寧形です。「とんでもない」の「ない」を「ある」に直して、丁寧な「ござる」に「ません」をつなげたのです。「とんでもある」という言い方がないのですから、これはまちがいです。

とんでもございません。

またこんな例もあります。

申し訳ない。

否定の「ない」は形容詞の活用ですから、「です」はつながりません。次の言い方がいいでしょう。

申し訳ない。

この場合は、「申し訳がある」という言い方があるので、「ございません」が成り立ちます。

「です・ます体」もなかなかむずかしいものです。というのは、私たちがものごとについて考えるときには、常体で考えているからです。「です・ます体」で考える人はいません。ところが、人に話をするときには「です・ます体」で話しています。

日ごろから、常体で書かれている文を「です・ます体」に書き直してみるとよいでしょう。添削の練習にもなりますし、話しをするときにも、自分の考えをすぐに「です・ます体」に変換して話せるようになります。

第4章

添削の実践

18

いい文章の秘密は「対話」にある

文と文とは対話によってつながります。いい文章というのは、次つぎに先を読みたくなるような文章です。その秘密は対話にあります。一文を読んだあと、読み手は質問します。すると、次の文で答えが出てきます。この繰り返しが読みやすい文章のながれなのです。

読者は一文を読んだら、何らかの疑問を感じるものです。すらすら読める文章というのは、読み手の期待に次つぎと答えてくれる文章です。それに対して、読みにくい文章というのは、次つぎに期待を裏切るような文章です。

文が箇条書きのように並んでいたら、読み手の考えはあちらへ行ったりこちらへ行ったりします。「読みやすい文」とか、「つながった文」とか言うのは、読み手の心を自然にひきつける文章のことなのです。

疑問に対して答えがなくても、読み手は疑問を保留して読み続けてくれます。それが一つ二つならいいのですが、五つ以上になると、読み手はもう投げ出してしまいます。

いい添削者はいい読み手です。一文を読むごとに、その内容に反応して、はっきりしたかたちで疑問を持ちます。そして、次にどのような答えが返ってくるか予想できるのです。

画家の中川一政は晩年によく山を描きました。必ず野外へ出て、山を前にして、山と向きあって描きました。山から感じられる反応を手がかりにしたのです。添削者も、文章から生まれる疑問を手がかりにします。

ダイ・ドドナ・ドドナによる反応

文と文とをつなぐのは、文の背後にある疑問です。書き手は読み手の質問を予想して書きます。質問は、英語で言うなら５Ｗ１Ｈから生まれます。それを日本語にまとめた項目が「ダイ・ドドナ・ドドナ」です。「ダレガ・イツ・ドコデ・ドンナ・ナニヲ・ドウ・ドウスル・ナゼ」の八項目の頭の文字を取りました。何回か口ずさんでみれば、簡単に暗記できます。

①ダレガ

人についての質問です。人物、性格、性別、人数、家族関係など、さまざまな質問ができます。

②イツ

時間に関すること、つまり時代、年代、年、月、日、時間、時刻などについての質問です。

③ドコデ

できごとの空間に関する質問です。場所、位置、配置など、大状況から細部まであります。

●――ダイ・ドドナ・ドドナの質問項目

ダレガ／who …………人、人数、性格、性質
イ　ツ／when …………時間、時刻、時代、年月日
ドコデ／where …………空間、場所、位置
ドンナ／なし …………状態、ようす
ナニヲ／what …………もの、こと、対象
ド　ウ／how …………方法、やり方
ドウスル／なし …………したこと、行動、行為
ナ　ゼ／why …………理由、動機、きっかけ、目的

④ドンナ

ものごとのようすについての質問です。どんなモノ・コトに関しても質問が可能です。文の要素としては修体文素です。

⑤ナニヲ

行動や動作の対象となるものが何なのかという質問です。「〜を」というかたちをとる客文素です。

⑥ドウ

行動や行為のやり方についての質問です。方法、手段などにも広げられます。

⑦ドウスル

行動や行為そのものです。述文素です。これが述べられていることが質問の前提です。さらに詳しくいろいろな質問ができます。

⑧ナゼ

理由や根拠のほかに、きっかけ、契機、動機なども含みます。「なぜですか?」という質問にはいろいろな意味があるのです。

文への質問の仕方

文章を読むとき、読み手は、文と文とを関連づけて読みます。一文を読むごとに次の文に期待をします。書き手はその質問を予想して文を書き継ぐのです。

次のような書き出しの文があるとします。このあとにどんな文がつづくでしょうか。これにつづけて四つの文を書いてみてください。

私は本を読みました。

たとえば、次のような文がつながります。一文ごとに番号をつけておきます。

例①

❶私は本を読みました。❷その本は神田の駅で買いました。❸久しぶりに感動した本でした。❹人にも勧めたいと思います。❺どこの本屋でも買える本です。

文と文の間には、読み手から予想される質問が隠れています。最初の文にも、前提となる質問があります。❶から❺まですべての文について、読み手からの反応と質問が予想できます。すべての質問をカッコに入れて示しましょう。

例②

❶（あなたは何をしましたか？）私は本を読みました。

❷（どこの書店で買いましたか？）その本は神田の駅で買いました。

❸（どんな感想を持ちましたか？）久しぶりに感動した本でした。

❹（本を読んでどう思いましたか？）人にも勧めたいと思います。

❺（今でもその本を売っていますか？）どこの本屋でも買える本です。

文の順序の組み変え

質問の順序が変わると、当然、文章のながれも変わります。質問の順序を変えて、次のように並び替えてみると、文章の印象が変わります。

例③

❶私は本を読みました。❷その本は神田の駅で買いました。❹人にも勧めたいと思います。❺どこの本屋でも買える本です。❸久しぶりに感動した本でした。

このように文の順序を入れ替えることによって、文章のテーマも変わります。文がつながるかどうかという判断も、文の背後の疑問のながれによるものです。ですから、一文を読むごとに疑問を持って問いかけることが重要なのです。

例①のテーマは、本を読んだ感動から出発して人に本を勧めるという内容です。例③では、前半で本を勧めたいという思いを書いて、最後に勧める理由を述べています。まったく同じ五つの文を使った文章ですが、読んだあとの印象は変わります。それがテーマのちがいなのです。

もう一つ、順序を変えた文章を読んでみてください。

例④

❷その本は神田の駅で買いました。❺どこの本屋でも買える本です。❶私は（その）本を読みました。❸久しぶりに感動した本でした。❹人にも勧めたいと思います。

文章のテーマとは全体的なものです。それぞれの文の意味が同じであっても、文の並べ方によって意味がちがってきます。さらに、どちらの順序がよいかは、この文章の目的や文脈によって変わります。

文の順序の入れ替えも添削です。書き手が意図した文のながれによって並べ方が変わります。同じことは、段落の順序の入れ替えについても言えます。

＊

志賀直哉「城の崎にて」との対話

もうひとつ、名文の対話の例として、志賀直哉「城の崎にて」の冒頭部分を読んでください。（　）の中に一文ごとの質問を入れてみました。


山の手線の電車に跳飛ばされて怪我をした。

（あなたは東京に住んでいるのですね。たいへんなことでしたね。電車でもはね飛ばされるくらいで済むのですか？　それでどうしましたか？）

その後養生《あとようじょう》に、一人で但馬の城崎温泉へ出掛けた。

（ケガはどんな具合なのですか？　一人で旅行ができるくらいなのですね？）

背中の傷が脊椎カリエスになれば致命傷になりかねないが、そんな事はあるまいと医者に云われた。二三年で出なければ後は心配はいらない、とにかく要心は肝心だからといわれて、それで来た。三週間以上——我慢出来たら五週間位居たいものだと考えて来た。

（では、今は城の崎温泉にいるのですね？　城の崎温泉には何か縁があるのですか？　その後の体調はいかがですか？　結局、何週間、滞在したのですか？）

頭は未だ何だか明瞭しない。

（どんな具合ですか？）

物忘れが烈しくなった。

（気分がよくないでしょうね？）

然し気分は近年になく静まって、落ちついたいい気持がしていた。

（どうしてでしょうね？）

稲の穫入れの始まる頃で、気候もよかったのだ。

（日々どんなに過ごしましたか？）

一人きりで誰も話相手はない。

（何をしましたか？）

読むか書くか、ぼんやりと部屋の前の椅子に腰かけて山だの往来だのを見ているか、それでなければ散歩で暮していた。

（どこを散歩しましたか？）

散歩する所は町から小さい流れについて少しずつ登りになった路にいい所があった。

（どうやって行くのですか？）

山の裾を廻っているあたりの小さな潭《ふち》になった所に山女が沢山集っている。

（どんなようすですか？）

そして尚よく見ると、足に毛の生えた大きな川蟹が石のように凝然としているのを見つける事がある。

（どんな時刻に行くのですか？）

夕方の食事前にはよくこの路を歩いて来た。

（そこはどんなようすですか？　また、そのとき何か考えましたか？）

冷々とした夕方、淋しい秋の山峡を小さい清い流れについて行く時考える事はやはり沈んだ事が多かった。

（どんな考えですか？）

淋しい考だった。

（では辛いことでしょうね？）

然しそれには静かないい気持がある。

（「淋しい」とはどんな考えですか？）

自分はよく怪我の事を考えた。

（どんなことを考えましたか？）

一つ間違えば、今頃は青山の土の下に仰向けになって寝ているところだったなど思う。青い冷たい堅い顔をして、顔の傷も背中の傷もそのままで。祖父や母の死骸が傍にある。それももうお互に何の交渉もなく、――こんな事が想い浮ぶ。それは淋しいが、それ程に自分を恐怖させない考だった。

＊

いかがでしたか、みなさんも文章を読むときに、このように対話をしてみてください。一文ごとに質問ができるのは、書かれた文をよく理解したからです。質問することによってさらに理解が深まるのです。

書き手と対話をしながら文章を読むということは、あらゆる文章について行われることです。文学作品を読んで楽しめるのも対話の力によるものです。

19 接続語の使い分け

文と文との論理的なつながりは接続語で表現できます。文と文とをつなぐのにも、接続語が使えます。文章に書き詰まったときに、ふと思いついた接続語を書いてみると、その先が書けるということがあります。

また、文のつながりが不明確な場合には、文と文とのあいだに、何か接続語を当てはめてみると論理を確かめることができます。

一般の接続語というと、ただ単に文をつなげるものと思われがちですが、接続語が文をつなげるわけではなく、文と文との論理を明確にするものです。いくら接続語でつないでも、論理的な関係がなければおかしな文章になります。

ただし、文章を書くときには、意識的に接続語を使ってみると考えが発展します。そして、文がうまくつながったら、あとで推敲をして不要な接続語を削れば簡潔な文章になります。

接続語の論理的なはたらき

まずは次ページの表をご覧ください。いろいろな接続語を十一通りに分類して論理的なはたらきを示しています。

ここでいう「接続語」とは、接続詞にはかぎりません。それ以外の副詞についても、論理的なはたらきをするものは取り入れました。

用例のそれぞれには、微妙な意味のちがいがありますから、添削するときにはいろいろ試すことができます。たとえば、逆接の「しかし」を、「だが」「ところが」「けれども」と入れ替えてみると微妙に意味がち

接続語の論理的機能一覧

	はたらき	代表例	その他の用例
(1) 時間	①順接	すると	そして、それで、それから、そうして、こうして、したがって、そこで、その結果、…て、…(する)と
	②逆接	しかし	が、だが、ところが、だけど、けれども、でも、それでも、それなのに、…が、…くせに、…ても、…でも、…のに、…ものの
(2) 抽象	③具体化	たとえば	例をあげるなら
	④一般化	つまり	すなわち、いわば、いわゆる、要するに、言い換えれば、換言するに、結局、
	⑤対比	それに対して	あるいは、一方、それとも、他方、ないし(は)、または、むしろ、もしくは
(3) 可能	⑥仮定	もし…ならば	もし…たら、たとえ…ても／でも、…なら(ば)
	⑦目的	…(する)ために	…(する)ように、…(する)ため
(4) 立論	⑧理由	なぜなら	そのわけは、というのは、なぜかというと、なぜかといえば、なぜならば
	⑨結論	だから	…から、したがって、それゆえに、それゆえ、で、…ので、ゆえに
(5) 話題	⑩追加	また	おまけに、および、かつ、かつまた、さらに、しかも、そして、それから、それに、そのうえ、ただ、第二に(第三に…)、ただし、ちなみに、…とか、なお、ならびに、まして…(ない)、もっとも
	⑪転換	さて	では、それでは、ところで、とにかく、はじめに、まず、第一に、それはそうと、△いずれにしても、△それにしても、△それはさておき

…付きの語句は重文を組み立てる　△の使用はすすめない

がってきます。

また、用例の中には接続助詞もありますので、重文の組み立てにも利用できます。日ごろの読書でも、これらの接続語が出てきたら必ず四角で囲む「印しつけよみ」（46ページ）をしてください。自然に文章の論理に気がつくようになります。

文学文と理論文と接続語

文章が文学文なのか理論文なのかということから、これらの接続語も使われ方が変わります。①順接、②逆接、⑩追加、⑪転換などは文学文で、できごとについて書くときに使われます。それに対して、理論文でよく使われるのは、③具体化、④一般化、⑤対比、あるいは、⑨結論、⑧理由です。

接続語の組み合わせ

十一通りの接続語を五つの組み合わせに分類しています。接続語には対立するものや同類のものがあるので、それを組み合わせてあります。

（1）時間——順接と逆接
（2）抽象——具体と抽象
（3）可能——仮定と目的
（4）立論——理由と結論
（5）話題——追加と転換

(1) 時間——順接と逆接

時間のながれのなかでのつながりです。前のできごとが次のできごとに順当につながっていけば①順接です。そして、順当ではない場合に②逆接になります。順当ならば、「……すると……」とつながりますが、そうでないときには、「……しかし……」というつながりになります。

(2) 抽象——具体と抽象

ものごとについて比較をするときには、基準が必要です。それが抽象のレベルです。文章はどうしても抽象的になりがちです。抽象的な文のあとで、内容を具体化するときに「たとえば」を使います。話で言う「事例」は③具体化です。それに対して、いくつかの具体的な文をまとめるときに、④一般化「つまり」を使います。漢字で書くと「詰まり」です。話をまとめて詰めるのです。並立の関係での比較が⑤対比です。

(3) 可能——仮定と目的

現在の現実のできごとではなく、未来のこと、先のことについて考えるための接続語です。「もし……ならば」は⑥仮定です。⑦目的の「……（する）ために」は何か実行する意志をもって行動する場合です。

(4) 立論——理由と結論

問題を論ずるときには欠かせないのが、この二つです。⑧理由を引き出す「なぜなら」には必ず、「なぜなら……から」と「から」が入ります。これがあれば「なぜなら」が省略できます。それに対して、⑨結論を導くのが「だから」です。理由の文と結論の文の順序のちがいで接続語が入れ替わります。

運動会は中止だ。なぜなら、雨が降ったからだ。
今日は雨が降った。だから運動会は中止だ。

(5) 話題——追加と転換

つながらないけれどもつなげてしまう接続語です。「また」は話題を⑩追加するもの、「さて」は話題を外れた⑪転換です。どちらの接続語にも程度の問題があります。たとえば、ネコの話題からイヌに話題が変わったのを「追加」ととるか、「転換」ととるかは話のレベルによって変わります。それは文章のながれから判断することです。

「しかし」の使い分け

接続語のなかでいちばん多く使われるのが、①順接です。その次に多いのが、逆接の「しかし」です。

ところが、「しかし」はなかなかむずかしいのです。いろいろな使い方が可能だからです。実際に、論理があいまいなまま使われている例がたくさんあります。

この使い方を明確にするだけで、ずいぶん文章の論理が明確になります。

「しかし」には、正確には三通りの使い方があります。

①逆接
②限定・制限
③比較・対照

①逆接

これは正しい使い方です。逆接というのは、前文から予想される内容と反対の内容が次に書かれる時に使われます。

その日の天気は雨だった。運動会は開催された。

つまり、雨が降れば、ふつう運動会は中止になるだろうと想像します。ところが、開催されたのですから、「しかし」となります。

②限定・制限

前文に書かれた前提を制限して条件を加えるのが、この場合です。

山田くんの提案が採用されることになった。しかし、来年度の計画からだった。

文のなかで前提とされる要素は三つあります。「私が（主語）今、（トキ）、ここで（トコロ）」です。

この文では「今」が問題です。提案の採用が全面的に否定されたわけではありません。「今」ではなく、「来年度から」という限定が付いたのです。それで、「ただし」となります。

③比較・対照

二つのものを比較したり対照するときには、双方の共通性が前提になります。まったく関係なければ比較さえされません。

> **山田くんの兄は成績が優秀である。~~しかし、~~弟の山田くんは成績がよくない。**
> それに対して、／それに比べて、

兄と弟とが比較されるのは、ふたりがきょうだいであり、しかも男同士だからです。

この場合、ふさわしい接続語は「それに対して」「それに比べて」です。もしも耳慣れないようでしたら、不正確なのを承知で「けれども」などの同類の接続語に変える手もあります。そもそも添削というのは、書き手への妥協ですから、強引な書きかえは許されないのです。

豆知識

ものごとを考えるための対立語

ものごとについて考えるためには、抽象を操作するための特別な言葉が必要です。二つずつ組みになった次のような言葉です。

①本質－現象
②内容－形式
③質　－量
④原因－結果
⑤概念－表象
⑥分析－総合
⑦具体－抽象
⑧目的－手段
⑨真実－虚偽
⑩現実－理想

⑪事実－虚構
⑫肯定－否定
⑬積極－消極
⑭全体－部分
⑮理由－結論
⑯一般－個別
⑰普遍－特殊
⑱前提－帰結
⑲絶対－相対
⑳主観－客観

以上並べたものはすべて対立語です。言葉の意味を考えるときには、対立する言葉が手がかりになります。たとえば、「現実」「事実」「真実」の対立語から、ことばの微妙なちがいが分ります。「現実」の反対は「理想」、「事実」の反対は「虚構」、「真実」の反対は「虚偽」となります。

考えの支えとなる言葉を論理学ではカテゴリといいます。日本語では「範疇《はんちゅう》」です。これには二種類あります。二つずつの組みで対立するカテゴリと、単独で使われるカテゴリです。二つで組んだものはいろいろあります。

たとえば、「あの店のラーメンはうまいけど麺が少ないな」というとき、「うまい」は「質」で「少ない」は「量」です。また、結婚式の計画では、「式は和風にするか洋風にするか」という「形式」と、「どんな雰囲気にするか」という「内容」を考えます。

単独のカテゴリは、「そうであるかそうでないか」という考えかたです。「それは存在するかしないか」「それは必要か必要でないか」という問題の立て方です。論理学でいうならば、矛盾の関係にあります。

次のようなカテゴリには「不」「非」「無」などの否定を示す語をつけて矛盾の関係を示します。

「不変化、不必要、非存在、非論理、無関係、無理解」

何かについて考えるときには、「あれかこれか」という選択で考えるよりも、対立する両面から考えるべき問題のほうが多いのです。

20 文のテーマ展開を見る

文と文とのつながりをとらえる手がかりはいろいろとあります。

第一は、対話の原理によるものです。一つの文から生まれる疑問について、次の文でどのように答えるか、いわば読み手の立場からつながりを考えます。

第二に、文と文とのつながりを伝達の重要度から考えるものがあります。それは、テーマ・レーマ分節にもとづくテーマの展開といいます。

第三は、接続語によるものです。文と文との間にある接続語から、文のつながり方を捉えます。

テーマ・レーマ展開を日本で取りあげたのは下川浩です。まだ知らない人が多いので紹介します。（下川浩著『現代日本語構文法』に詳しい）

文の論理構造と伝達構造

文章とは、書き手の考えを明確に表現して、その考えを読み手に伝えるものです。一つ一つの文は、「主部＋述部（＋シッポ）」という書き手の判断としてまとめられています。その構造を文の「論理構造」といいます。

そして、その内容を読み手に伝えるときには、伝達のための組み立てが必要です。それを「伝達構造」といいます。伝達の基本は、テーマとレーマという二つの要素の関係です。次ページの図をご覧ください。

「主題（ソレハ）」を設けて、それについて「題述（コウダ）」をします。何かについて、それがどうであるか述べます。あるいは、「場面の設定」と「事態の記述」

●——テーマとレーマの分節

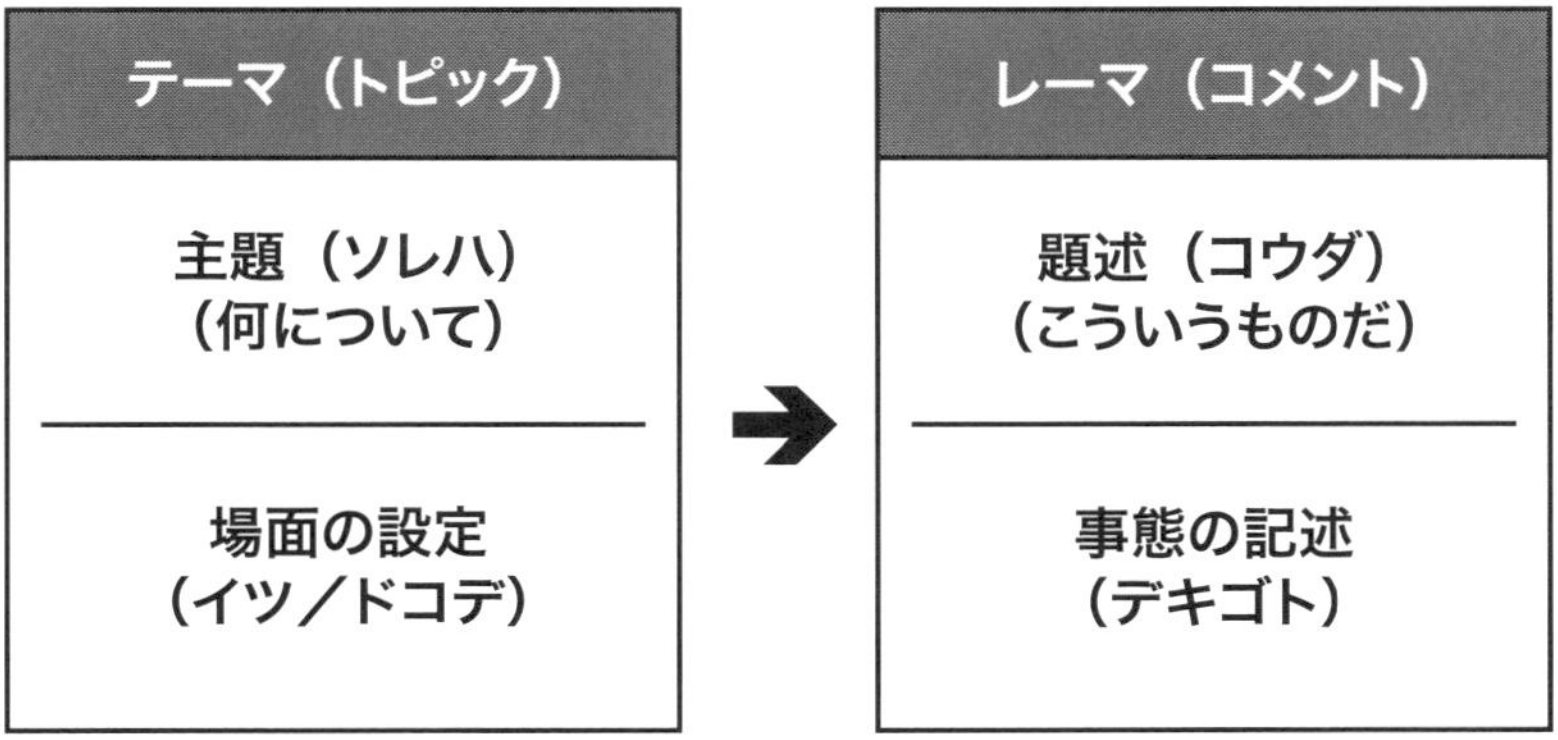

です。場面を設定してできごとを述べるのです。

事態の記述をどのように配列するかによって、文章が理解しやすくなったりむずかしくなったりします。

主題を「テーマ（トピック＝話題）」、題述を「レーマ（コメント）」と呼んで、おのおのの文において「主題」と「題述」とを分析してテーマ・レーマ分節と呼びます。

文法によって、文の主部と述部との対応関係、述部の補文素または客文素との対応関係から、文の論理構造が明確になります。それとともに、テーマ・レーマ分節による文の伝達構造も明らかになるのです。

文中のそれぞれの文のテーマ・レーマ分節は、テーマ展開によって決定されます。そして、テーマ展開の原理によって、一つ一つの文のテーマ・レーマ分節を確認しながら文章の読み・書きを進めることができるのです。

下川浩はテーマ・レーマ展開の研究をして、文と文とのつながりのパターンを七通りに分類しました。次ページの表をご覧ください。▢がテーマ、……がレーマを示します。

●——テーマ展開七種類

簡約語	学術語	用例	図式
①シリトリ型	単純線状展開	モモの中から男の子が現れました。男の子は桃太郎と名づけられました。	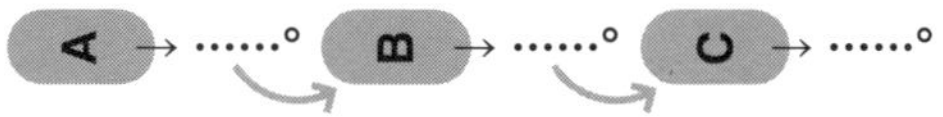
②オナジ型	共通テーマ型	男の子は桃太郎と名づけられました。男の子はすくすくと育ちました。	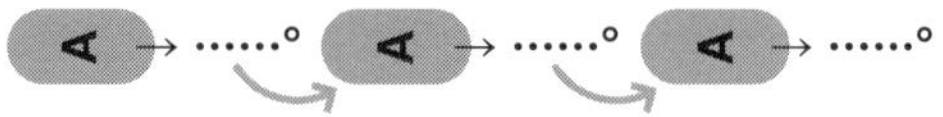
③子文型	派生テーマ展開	（上位テーマ＝ドイツ民主共和国）建国一九四九年。面積約十一万平方キロメートル。人口約一七〇〇万人。首都ベルリン。解体一九九〇年。	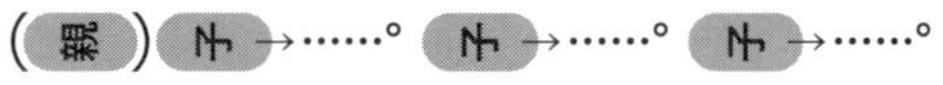
④部分型	分割レーマ展開	私には二人の子どもがおります。上は中学三年の男の子で、下は中学一年の女の子です。	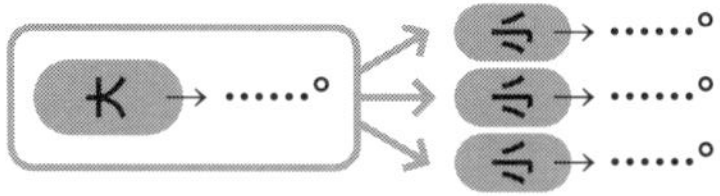
⑤ジャンプ型	テーマ跳躍型	この谷の奥には古い修道院があります。（注＝修道院には鐘がある。）鐘の音はこの町まで聞こえてきます。	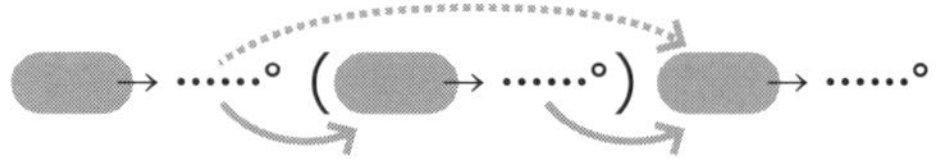
⑥イキナリ型	前提テーマ導入	（地球上の人々は誰でも一つの月を知っています）月は夜毎に大きくなってきました。	
⑦マトメ型	統合(テーマ)展開	T首相は秘書名義、M蔵相は本人、W会長は長男、K議員は弟名義、汚職事件にはさまざまな関係の人が登場します。	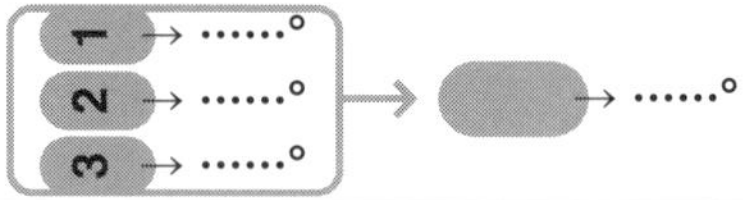

テーマ展開の七つのタイプ

①シリトリ型（単純線状展開）

前の文のレーマで述べたものを次の文のテーマにするものです。子どものころこんな言葉の尻取り遊びを口ずさんだことがありませんか。「金平糖《こんぺいとう》は白い。白いはウサギ。ウサギははねる」。まさにこのパターンです。

②オナジ型（共通テーマ型）

前の文と同じものをテーマにしてつなぎます。たとえば、次の文のテーマは「空」です。「空は広い。（空は）明るい。」。一つの段落は、共通のテーマの展開によってまとまるのが基本です。

③子文型（派生テーマ展開）

ある大きなテーマ（上位テーマ）から導き出されるテーマの文が、いくつかつながります。論文の型として「頭括型」と呼ばれるものです。次の例文では、「山田くん」をテーマとして述べられています。「成績はいい。人格もすぐれている。将来が楽しみである。」

④部分型（分割レーマ型）

ある文のレーマとなったものが、いくつかに分かれて、あとの文のそれぞれのテーマになります。分かれたはじめに、接続語の「たとえば」が使われます。例、「私は甘いものが好きだ。たとえば、饅頭なら三つも食べる。羊かんなら一本だって食える。」

⑤ジャンプ型（テーマ跳躍型）

前文との関係がたやすく推測できるものが次の文のテーマになります。小説の文章にはよく出てくる展開です。物語のながれを細かくたどったらテンポが落ちます。そこで読者の推測できることは飛ばすのです。例、「男は車を走らせてその家に向かった。ドアをノックすると女が戸を開けた。」中間の「その家のドアは閉まっていた。」という文は省略されてもかまわないのです。

⑥イキナリ型（前提テーマ導入）

話し手と聞き手、書き手と読み手がお互いに知っていることが、直接テーマとして導入されます。こんな書き出しがあります。「なめとこ山の熊のことならおもしろい。」。すでになめとこ山と熊のことがみんなに知られて話題になっていることが前提です。

⑦マトメ型（統合テーマ展開）

それぞれ、テーマ・レーマに分かれた、前の（いくつかの）文を一括して、後続の文のテーマにします。接続語を使って展開するなら、「たとえば」にあたる記述が先行しているわけです。それらを「つまり」としてまとめるわけです。

テーマ展開というものは、一文のレベルを超えて文と文との関係を捉えるものです。文章の添削も単純に一文単位では直せませんから、テーマ展開が適切であるかどうかをとらえることも重要なのです。

21 段落ごとに役割をみる

これまで解説した添削の方法は、文レベルのものでした。つまり、一つの文を正確に組み立てること、そのために文中の語句をどのように生かすかということでした。ここからは、一つの文から次の文へのながれをどうとらえるか、文と文とをどうつなげるか、そして、段落をどのように構成するかという段落レベルの添削です。

文を見るときよりも視野を広げて段落の単位まで見とおす見方が必要になります。さらに、文章全体まで考えながら添削をすすめるのです。ここでは、視野を広げて読める「眺めよみ」が役に立ちます。（41ページ参照）

いわゆる「切り貼り」の論文というものがあります。ひとの文章を切り貼りしてつないだものです。それがとがめられるのは構成もされずに、自分の文章になっていないからです。人の文章を引用するときには、引用部分を明確に示して、自分の文章に取り入れます。自分の考えとしてまとまるなら、それも創造的な仕事なのです。

ここでは、文と文とをつなげて一つの段落を構成すること、そして、段落と段落とをつないで構成する方法について考えます。添削というものは、文レベルにとどまらず、文章の全体にまで責任を持って手を入れていくことなのです。

作業しながら考えること

それでは、実際の作業を手順を追って解説します。ここでの作業は、まだ赤ペンを使わずに、あとで消せるようにエンピツを使うことをお奨めします。

①各段落に番号をふる

文章はタテ書きのものを用意します。横書きで書かれていたなら、一度、タテにプリントし直してくださ い。そして、タテ二段、横二列の田の字型に見通しよく並べてください。(22ページ参照)

最初に赤ペンですることは、各段落の始まりの一文字下がったところにクランクの印しを入れて番号をふることです。

段落があっても、一字下げのないところには、同じようにクランク形の印しを入れます。そうして、それぞれの段落の長さと、全体の段落構成をながめます。

②語句への注目

この作業では「印しつけよみ」が役に立ちます。

一つずつ段落を見ながら、各段落の用語に注目します。とくに漢語が重要です。漢語はたいてい名詞です。二度も三度も出て来る語句を探しましょう。それがキーワードです。

漢語は三通りの品詞に分けられます。(169ページ参照)

❶名詞

❷スル名詞(「する」をつけて動詞になる名詞)

❸形容詞(主にナ形容詞)

次には、繰りかえし出てくる漢語と関係ある語句を探します。それが、もう一つのキーワードです。考えというものは二つの語句を結びつけて生まれます。二つの語句の組み合わせを考えるのです。

たとえば、「仕事」という言葉と「教育」という言葉とが関係あるとしましょう。二つの語句の組み合わせから段落の「テーマ」が考えられます。「仕事としての教育」とか、「教育という仕事」といった組み合わせです。

③文の抜き出し

段落のテーマが結論として「命題（ナニガ＋ナニダ）」のかたちで書かれていることもあります。そのときには、「命題」を取り出します。たいてい段落の初めか終わりに書き手の主張の文があるはずです。理論文ならば、段落のテーマは、命題として取り出せるものです。

命題の文はたいてい名詞述語文です。「何は＋何である」「何は＋何するべきである」というかたちで書かれています。たとえば、「教育が仕事になる」というかたちです。段落のなかの一つの命題が段落全体の内容をまとめているなら、それは意味のまとまった段落だといえます。

それに対して、文学文の場合には、テーマは命題のかたちでは書かれません。テーマを取り出すことよりも、物語が心理的にうまくながれるように手を入れます。論理や理屈が表に出るよりも、場面ごとの情景が豊かになる添削がよいのです。

④段落相互の組み立てを見る

段落の構成には、基本的なかたちがあります。理論文ならば、段落の初めに、論理的な接続語があります。次に、「トピック文」つまり、話題を提供する文があり、次に説明する文が続いて、終わりに、結論をまとめる結論文があります。

文学文ならば、段落の最初に、接続語があって、そのあとには、できごとの場面を示す「トキ・トコロ」の表現があります。そして、人物の行動やできごとが、心情の感じられるように描かれます。

しかし、理論文でも文学文でも、段落相互の関係は、論理的なものです。段落の最初に接続語がない場合でも、段落と段落の関係は接続語による論理で関係づけられています。

各段落には、それぞれの役割があります。それは次のような種類に分けられます。

❶トピックを提供する段落
❷説明・解説をする段落

❸結論をまとめる段落

段落のはたらきをとらえる手がかりは接続語です。接続語の役割は二つあります。一つは、文と文とのつなぎ目、つまり段落の内部で、文と文とをつなぎます。もう一つは、段落と段落とのつなぎです。とくに、段落の初めにある接続語が重要です。接続語を見つけたら必ず四角で囲んでおきます。

接続語はどこにあっても、段落を構成するきっかけをつくるものです。もしも段落の初めに接続語がない場合には、十一通りの接続語のうちいずれかをあてはめてみます。そして、文章のながれができるかどうか、どのような関係でつながっているか確認することによって、段落の構成が見えてきます。(126ページ参照)

⑤「小見出し」でながれを読む

段落の内容が見えてきたら、キーワードや命題文を、各段落の上の空欄に書き出します。これが「小見出し」となって文章のながれを見るのに役に立ちます。小見出しを順に小声で読んでいくだけで、段落のながれを確認することができます。

さらに徹底する場合には、すべての段落の小見出しを用紙に書き出します。そして、小見出しを見ながら文章全体の構成がどのようなものか考えてみます。

豆知識

文章の引用の仕方

「引用」は、原文そのままを書くのが原則です。漢字仮名遣い、句読点なども変えてはいけません。少しでも書き換える場合には、書き換えて引用することを明記します。たとえば、「言い回しを少し変えて引用する」、「仮名遣いを変えて引用する」、「要約して引用する」などと書きます。

ふつうは「　」の中では、おわりに句点（。）をつけませんが、文を引用した場合には、例外として「　。」という形にします。というのは、句点を省略すると、引用の部分が句なのか、文なのかわからなくなるからです。

引用部分が文でなく、句であるならば句点は必要ありません。文章の中では、この区別がわかるようにことわりを明記しておきましょう。また、つながった文章の引用で、中間部分を省略するときには、（中略）と書き入れておくと、省略したことが明確になります。

引用をするのは、ほかの人の書いた内容が、自分の文章にとって何らかの意味があるからです。その引用に自分は賛成なのか反対なのかということです。ですから、引用文の前に、引用することの意味を書く必要があります。たとえば、「私の考えと同じことを言っている」とか、「こんな反対意見もある」という具合です。

また、引用の前に読み方も示す必要があります。「このような角度から読んでほしい」とか、「この点を読みとってほしい」と読みどころを示すのです。そのためには、著者の紹介や引用文献について説明が必要になる場合もあります。

引用で何よりも大切なのは誠実さです。自分の論の展開に都合いいように、著者の文章を切り取ることは避けましょう。最終的には、書き手の人間としての誠実さが問われることになります。

22 段落の切り分けとまとめ方

文章全体の構成で最も大きな単位が段落です。段落というのは、いくつかの文がひとつのテーマでまとまった単位です。段落があると、読み手はまさに一段落しながら文章を読むことができます。それに対して、べったりとひとつながりに書かれると、考えをまとめる間もなく読むので疲れてしまいます。

下手な文章は段落がないまま、文と文とがずらずらつながっているものです。また、それとは逆に、やたらと細かく改行して段落にしても、見かけはよさそうですが、文章のまとまりがないので、まるで箇条書きのようになってしまいます。

文の最も細かい区切りは、テンでした。あまりに細かくテンで区切ると文の構造がかえってわかりにくくなりました。同じように、段落の切り分けも、文章の組み立て、つまり文章の論理関係を明確にするために調整します。

段落のまとまりとは?

文章指導の本には当たり前のように、「内容のまとまりごとに改行して段落を作りましょう」などと書かれています。そもそも段落そのものについて、はっきりと説明されてはいません。

段落の性質には、文章展開と、論理展開と二つの面があります。文章に書かれた内容のまとまりも、文章のかたちと切りはなせません。文章の展開との関係でつながりを見ていくのです。

文章展開による段落分け

文章の四つの展開は、「①物語、②描写、③説明、④論証」です。（30ページ「文章展開の四種類」参照）文学文では、おもに「物語」と「描写」とが交互に交代します。それまで動いていたできごとが停止して、場面の状況が見える描写になります。「説明」への転換は、「〇〇とは？」といった言い回しによってわかります。

理論文では、段落と段落の関係の論理的な関係をとらえる手がかりは「なぜなら」という理由の前置き、あるいは「もし」という仮定の前置きです。

ここから、「物語段落」「描写段落」「説明段落」、「論証段落」という区別ができます。さらに、それぞれ区切った段落に「見出し」をつけることで、段落のテーマが確かめられます。

たとえば、物語段落ならば、「……が……したこと」「……から……までのできごと」、描写なら「……のようす」、説明ならば「……について」、論証ならば「……の理由」といった見出しになります。

論理展開による段落分け

段落分けのもう一つの手がかりは論理展開です。文と文とをつなぐ接続語を見ることです。すでに、文と文とをつなぐ接続語については、別項で解説しました。それと同じような関係が、段落と段落とのあいだにもあります。（126ページ「接続語の論理的機能一覧」参照）

一段落を「〇〇は〇〇である」とか、「〇〇は〇〇をした」とテーマを示す文に要約できれば、「だから」とか、「たとえば」という接続語に対応する段落が見えてきます。

ここでもカギになるのは、段落の冒頭の接続語です。そこで、段落の名称も、「しかし段落」「また段落」「たとえば段落」「それに対して段落」「つまり段落」「だから段落」「なぜなら段落」「すると段落」などになります。

接続語と段落の関係

段落に区切りをつける接続語もあります。「⑩追加（また）」と「⑪転換（さて）」です。「閑話休題」という言葉もそうです。前段との関係を強引に切り離してしまうこともあります。いくつかの段落をまとめて次にうつるのです。いわば、接続を断ち切る場合です。初心者の文章によく見られる「改行」もこれと同様の役割です。

接続語と段落との関係はおよそ次のようになります。①順接（すると）では段落がつながって、②逆接（しかし）では、区切られます。⑤対比（それに対して）、⑩追加（また）では、先の事例に対して並列の関係でつながります。③具体化（たとえば）、④一般化（つまり）は、前段とつながるのが普通です。それに対して、⑧理由（なぜなら）、⑨結論（だから）は、新たな見地を示す新しい段落として、独立した段落となる場合が多いものです。

以上の考え方は、あくまで目安です。段落のまとまりを決定するのは結局、文章の内容なのです。

「吾輩は猫である」の構成

さて、実際に、段落のない文章に区切りをつけて段落を作ってみましょう。

例にあげるのは、夏目漱石「吾輩は猫である」の二段落目です。文庫本では、四十二文字で十一行が改行なしで書かれています。文字数にしておよそ四百六十字です。文の数は十五です。各文には丸数字をつけておきます。

まずは声に出して読んでください。

＊

吾輩は猫である。名前はまだ無い。

①どこで生れたかとんと見当がつかぬ。②何でも薄暗いじめじめした所でニャーニャー泣いていた事だけは記憶している。③吾輩はここで始めて人間というものを見た。④しかもあとで聞くとそれは書生という人間中で一番獰悪な種族であったそうだ。⑤この書生というのは時々我々を捕えて煮て食うという話である。⑥しかしその当時は何という考もなかったから別段恐しいとも思わなかった。⑦ただ彼の掌に載せられてスーと持ち上げられた時何だかフワフワした感じがあったばかりである。⑧掌の

上で少し落ちついて書生の顔を見たのがいわゆる人間というものの見始であろう。⑨この時妙なものだと思った感じが今でも残っている。⑩第一毛をもって装飾されべきはずの顔がつるつるしてまるで薬缶だ。⑪その後猫にもだいぶ逢ったがこんな片輪には一度も出会わした事がない。⑫のみならず顔の真中があまりに突起している。⑬そうしてその穴の中から時々ぷうぷうと煙を吹く。⑭どうも咽せぽくて実に弱った。⑮これが人間の飲む煙草というものである事はようやくこの頃知った。

＊

段落をどう切りはなすか?

段落構成のためのポイントを簡単に解説します。印しつけよみをして各文のキーワードと接続語を抜き出しながらコメントします。(43ページ参照)

①から⑤は「①生れ」「②じめじめした所」「③始めて人間」「④書生・獰悪」「⑤書生・食う」です。

①②は猫自身のこと、③④⑤は「書生のこと」となって話題が転換しています。①②と③④⑤との間は区切れます。

それから、「⑥しかし・恐ろしくない」「⑦ただ・フワフワ・感じ」「⑧人間の見始」です。「⑥しかし」で話題が猫にもどります。「⑧見始」には③とのつながりがありますが、⑧の「場」は書生の「掌」です。

そして、実感を語る「⑨妙なものだ」も、⑥からつづく「恐しさ」のテーマにつながります。つまり、⑥から⑨まではまとまります。

それから、「⑩第一・顔・つるつる」は⑨の感想についての新しい話題ですから⑩は話題の転換です。「⑪出会わない」も⑩につながります。

ところが、「⑫のみならず」では「顔」から「鼻」へと話題が変わります。「⑫突起の穴」「⑬煙り」「⑭むせる」「⑮烟草」には一連のまとまりがあります。それで⑩⑪はまとまり、⑫から⑮までがまとまります。

以上が私の一文ごとの読み方です。段落の切り分けの結果は次のページのとおりです。改行についてだけ添削して段落の数字をつけました。

(1)吾輩は猫である。名前はまだ無い。どこで生れたかとんと見当がつかぬ。何でも薄暗いじめじめした所でニャーニャー泣いていた事だけは記憶している。(2)吾輩はここで始めて人間というものを見た。しかもあとで聞くとそれは書生という人間中で一番獰悪な種族であったそうだ。この書生というのは時々我々を捕えて煮て食うという話である。(3)しかしその当時は何という考もなかったから別段恐しいとも思わなかった。ただ彼の掌に載せられてスーと持ち上げられた時何だかフワフワした感じがあったばかりである。掌の上で少し落ちついて書生の顔を見たのがいわゆる人間というものの見始であろう。この時妙なものだと思った感じが今でも残っている。(4)第一毛をもって装飾されべきはずの顔がつるつるしてまるで薬缶だ。その後猫にもだいぶ逢ったがこんな片輪には一度も出会わした事がない。(5)のみならず顔の真中があまりに突起している。そうしてその穴の中から時々ぷうぷうと煙を吹く。どうも咽せぽくて実に弱った。これが人間の飲む煙草というものである事はようやくこの頃知った。

段落をまとめてみる

段落を切りはなすのと反対に、細かすぎる段落をまとめる添削もあります。それについても、段落をまとめるときの原則や手がかりが参考になります。

一例をご覧ください。直木三十五「南国太平記」の一部です。改行が多くて内容がつかみにくいので添削しました。次ページの上と下を比較してみてください。段落をまとめただけでなく、細かいところにも少し手を入れてあります。どこにどのように手を入れたかの確認には、195ページを参照ください。

原文テキスト

黙々として歩いていた玄白斎が、突然
「和田」
と、呼んで立止まった。和田が、解しかねる玄白斎の態度を、いろいろに考えていた時であったから、ぎょっとして
「はい」
と、周章てて、返事して、玄白斎の眼を見ると
「その辺に、馬があるか、探してのう」
こういいながら、腰の袋から、銭を出して
「一っ走り、急いで戻ってくれぬか」
和田は、何か玄白斎が、非常の事を考えているにちがいない、と思うと、ほんの少しでもいいから、それが、何んなことだか、知りたかった。それさえ判れば、自分にも多少の智慧もあり、判断もつくと思った。それで
「御用向は？」

添削ずみ

黙々と歩いていた玄白斎が突然、「和田」と呼んで立止まった。

和田は、解しかねる玄白斎の態度をいろいろに考えていた時であったから、ぎょっとして「はい」と周章てて返事をした。

和田が玄白斎の眼を見ると、玄白斎は「その辺に、馬があるか、探してのう」といって腰の袋から銭を出して、「一っ走り、急いで戻ってくれぬか」と続けた。

和田は、何か玄白斎が非常の事を考えているにちがいないと思うと、ほんの少しでもいいから、それが何んなことだか知りたかった。それさえ判れば、自分にも多少の智慧もあるから判断もつくと思った。

「御用向は？」

> 「千田、中村、斎木、貴島、この四人の在否を聞いてもらいたい——居ったら、それでよい。もし居らなんだ節は——」
> 　玄白斎は、髯をしごきながら
> 「何時頃から居らぬか？——何処へ行ったか？　誰と行ったか？——それから、便りの有無——よいか、何時、誰と、何処へ行ったか？　便りがあったと申したなら、何時、何処から、と、これだけのことを聞いて——」

「千田、中村、斎木、貴島、この四人の在否を聞いてもらいたい——居ったら、それでよい。もし居らなんだ節は——」

　玄白斎は、髯をしごきながら続けた。

「何時頃から居らぬか、何処へ行ったか、誰と行ったか、それから、便りの有無——よいか、何時、誰と、何処へ行ったか、便りがあったと申したなら、何時、何処からと、これだけのことを聞いて——」

会話の改行の仕方

段落を作るときに少し分かりにくいのが、会話を含んだ段落です。一文字下がったところが形式段落なのですが、会話が入ると、どこが段落なのか判断しにくくなります。

会話の段落の基準は、会話の改行の仕方です。かつては、行のはじめの会話のカギは一文字下げて書きましたが、今ではたいてい下げずに書かれています。

会話をどれだけ重視するかによって、三通りの改行の仕方があります。

①会話の行を独立させる
②会話の前で改行して「……と」でつなげる
③会話を文に埋め込んでしまう

①会話の行を独立させる

最も会話を目立たせる表現です。会話で改行する前に必ずテンを入れます。三行目「と叫んだ」も一文字下げにします。会話が続くと結びの述語が抜ける危険があります。

ふたりはいっしょに、
「そんなことは知らない」
　と叫んだ。

②会話の前で改行して「……と」でつなげる

いちおう会話は独立していますが、しかし、地の文がつづくのでうもれた感じです。これも会話の改行の前にテンを入れます。

ふたりはいっしょに、
「そんなことは知らない」と叫んだ。

③会話を文に埋め込んでしまう

いちばん目立たない会話の書き方です。会話についての改行はありません。

ふたりはいっしょに、「そんなことは知らない」と叫んだ。

会話の表現効果から言うと、直接話法の会話では①を使用して、間接話法の会話では③の書き方になるでしょう。②はその中間になります。

以上、文章の構成を段落のまとまりから見ました。さらに、段落のバランスの問題があります。いい文章は段落の長さも平均化していて、文章のながれのリズムが感じられます。長すぎる段落では、ムダを削ったり、短すぎる段落では、書き加えたりする必要もあるでしょう。その前提として、一文ごとの組み立ての確かさ、文と文との論理的なつながりを見直すことになります。

豆知識

本の索引つくり

文章の全体を見渡すためには、段落の「小見出し」つくりが有効です。さらに、本全体の構成をとらえて読むには、自分用の「索引つくり」が役に立ちます。「索引」というのは、文中のキーワードを拾い出して、アイウエオ順に並べてページをつけたものです。本の後ろに付録としてつけられたものもあります。

目次が文章の順序どおりであるのに対して、索引では言葉から本の内容をたどることができます。本のポイントについて話題別に読むのにも便利です。

しかし、他人が作ったものですから、なかなか関心が一致しません。それで、本をじっくり読むときには自分用の索引を作るとよいのです。

二つの意義があります。一つは、本の構成がわかること、もう一つは、あとから読み返すときにムダなく読めるということです。

作り方は簡単です。本の後ろの方の空いたページをタテ四つ折りにして、四分の一ずつ分けて、「ア、カ、サ、タ、ナ、ハ、マ、ヤ、ラ、ワ」と項目を記入します。語句の少ない項目は「マヤ」「ラワ」とまとめます。

あとは、本を読むときに重要だと感じた語句を拾って、索引に語句とページとを横書きで記入していけばいいのです。同じ言葉が二度目に出てきたら索引にページを書き足していきます。最初に出たページにはアンダーラインを引いたり、マルで囲んでおくと見やすくなります。

理論的な本ならば、その語句が出るたびに、それぞれのページをめくってみるでしょう。読み比べれば、微妙に内容や表現がちがっているので理解が深まります。しかも、そのキーワードを軸にして本の内容がどのように関連しているかわかります。

ほかにも応用ができます。多くの人物が登場する長篇小説を読むときには、人物が登場するたびに名前を記入してページを書きます。登場の最初に人物の紹介や描写がありますから、索引をたどれば人物を何度でも確認することができます。

このほか、本の種類によって、地名索引、食べ物索引などつくれば、関心の持ち方によっていろいろな本の読み方ができます。

23 文学文の添削

文章の性質は大きく文学文と理論文とに分かれます。どちらも、それぞれの文章の特性にふさわしい書き方で書かれていますから、それぞれの性質に応じた添削をすることが求められます。

実際の文章の部分部分は文章の四展開によって区別できます。（29ページ参照）ここではおもに文学文の展開に使われる「物語」と「描写」に関する添削の方法をとりあげます。

理論文と文学文とを四つの角度から比較すると、文学文の表現目標は「①虚構性、②個別性、③表象性、④情感性」です。これを基礎にして「物語」や「描写」の表現が工夫されています。（次ページ参照）

文学文の目標とは？

文学文の目標を簡単に確認しましょう。

文学文の特徴は「①虚構性」にあります。文章に書かれたことは、現実そのものではありません。文学文では、現実に寄りかからずに、作品として自立した世界を作ります。書き手の想像力によって、現実と同じように時間のながれと場面をつくって作品をまとめます。「②個別性」を目指して、ものごとを具体的に書くのです。書かれた世界が、ほかにはない一度きりのできごとになるように表現します。

描かれた世界は、まるで目に浮かべられるようにイメージできるという「③表象性」を備えています。読み手は描き出された世界を想像して読みながら、作品から生まれる「④情感性」を自分の心情や思いとして

文学文と理論文との比較

文学文の性質		理論文の性質	
①虚構性	現実のできごとを書き写すのではなく、作品として自立した世界を目指す。時間と場面を設定することによって独自の場を創造する。	①真理性	現実との関係を基本とする。事実の裏づけを常に意識しながら、現実から見えてくる真実をとらえることを目指す。
②個別性	文中に描かれる人、モノ・コトなどのすべては、それぞれ世界に一つしかないものであることを示すように具体的に表現する。	②一般性	文中に書かれることは、個別の問題にとどまることなく、他の人の経験や他のモノ・コトにも共通する意味を持っている。
③表象性	文中のモノ・コトについては、言葉によって説明をするのではなく、それぞれがありありと目に浮かぶように表現する。	③実践性	書かれることは、他のできごとにも応用が可能である。ちがった状況において、行為や行動の方法として生かすことができる。
④情感性	言葉の意味を伝達するのはもちろんであるが、さらに、読み手の心にうったえて、感情や思いをわきおこすように表現する。	④論証性	主張や意見について感情や心情によって納得させるのではなく、理由づけと根拠づけによって論理的に証明ができる。

楽しむことができるのです。

(1)「物語」への添削

「物語」とは、できごとや人物の行動などが、時間の順序で展開することです。人の動き、ものごとの変化などを時間のながれのうえに並べて描きます。小学生のときの作文でも、「……しました。それから……しました。そして……しました。」と書いたことがあると思います。ものごとの変化を時間順に書くことは、文章の基本なのです。

「物語」のながれには、荒いながれと細かいながれと密度のちがいがあります。それは文章のテーマによって変わってきます。テーマに関するところは細かく展開し、場面をつなぐところでは荒く展開します。

もう一つ、重要な展開は「描写」の展開です。テーマに関する場面が出てきたり、ものごとを具体的に示すためには、時間を止めて目に見えるように描きます。それが「描写」の展開です。

文章のテーマや論理を見失ったときには、ただ意味なく時間のながれでできごとを並べてしまいがちです。文学文を読むときに重要なのは、時間でながしていい部分と説明や描写の必要なところとを区別することです。

「物語」のテンポ

「物語」の添削で問題になるのは展開のテンポです。時間が飛びすぎても困りますし、細かすぎても困るのです。どれだけの密度で時間の展開をするかはテーマとの関係で変わります。

たいていの場合、時間の展開が荒く書かれていたり、飛躍しすぎた文章が多いものです。話しの展開に必要な途中のできごとが抜けていたら、できごとを補う必要があります。また、展開が細かすぎるときには、テンポを上げるために途中の文を削ります。

物語のテンポには、いろいろなレベルがあります。「年、月、週、日、時間」などの単位で展開するのがふつうですが、古い時代の話を書くとなると、「時代、世紀、年代」といった単位も出てきます。(90ページ「時

間（トキ）の転換の単位」参照）

どの単位で「物語」が展開しているのかをとらえることによって、どのくらいの密度で話を運んだらいいのかわかります。添削をするときには、そのテンポに合わせて、書き込みや削除をすることになります。

年単位で荒いながれを作るのか、週単位か、日単位か、あるいは、瞬間の連続で細かく展開するのか、いろいろと考えられます。ここでも文章のながれに合わせることが基本なのです。

「物語」の展開の原則

「物語」の展開の添削においては、注意するべき点がいくつかあります。

①できごとは時間の順序どおりに並べる。
②展開の順序が前後したら入れ替える。
③「物語」の逆戻りは避ける。時間を戻さない。
④時間の先取りはしないようにする。
⑤いったん進んでしまったら話を先へ進める。
⑥場面では時間を止めて描写をする。

テンポについての添削

添削の原理は簡単です。できごとできごとのあいだが飛躍しているときには、あいだに文を加えればいいのです。また、単文でつなげていくとテンポはあがりますが、文章の展開の仕方まで荒くなる危険があります。

逆に、テンポを落とすときには、重文や複文を作ります。文の構造を読むのに時間がかかるので、それだけテンポが落ちるのです。

重文を作る具体的な方法としては、接続助詞の「〜ながら」「〜つつ」「〜同時に」「〜と」などを使います。

もちろん、時間だけのながれではなく、「説明」を加えることもあります。その場合には、「そこで」「それで」「そして」などの接続語を使います。

彼は試合に勝利した。

このあとを物語の展開にするなら、「それから、みんなで祝盃をあげた。」とつなげればよいでしょう。

あとの文のつなげ方で、展開の仕方が変わります。

次の文は、あとのできごとを書いた「物語」の展開です。

彼は試合に勝利した。↓その翌日、彼はスポンサーに勝利の報告をした。

次の文は、時間が逆戻りした「説明」の展開です。

彼は試合に勝利した。↓試合の最中には一度負けるかと思ったが、戦い抜いたのである。

時間の展開が逆になって理解しにくいときには、できごとを時間順に並べた文に直すこともできます。

展覧会場に入るまでに、家を出るとき持っていた傘をたたんでバッグに入れておいた。

←

家を出るときに傘を持って、途中でたたんでバッグに入れて展覧会場に入った。

文の意味はずいぶん変わりますが、実用文ならば、できごとは時間どおりに書いた方が理解しやすいのです。

余分な展開は削る

会社への道順を知らせる場合も物語の展開です。行動のために不必要な説明は削りましょう。

駅の改札口を出たら左手の方向に歩いて、~~すぐ~~~~脇の階段を降りずに~~真っすぐ正面のエスカレーターまで歩いて行く。

また、「物語」の展開では、人物の視点を基準にして、その年、その月、その日を指定すると時間のながれが生まれます。

客観的な年号は時間のながれを固定するのです。

> 平成二〇年に彼の職場が変わった。
>
> 入社して五年目に

(2)「描写」の添削

「描写」とは、時間を止めて空間や場面を目に見えるように描くことです。必ず、対象を見る書き手の視点が設定されます。見て分かることに限定して、絵を描くように文のかたちで表現します。

この展開も、文学文に限らず理論文でも使われることがあります。さまざまな情景が目に見えるように表現されるので、抽象的な説明や解説よりも直感的に理解できます。

一般の文章では、文のかたちで細かく描写しなくても、動詞一つでも表現できます。動詞には、より説明的なものとより描写的なものがあります。説明は抽象的になりがちですが、それに対して描写は具体的なのです。

> 小林くんが花をくれた。
>
> 手渡して

「くれた」に「手渡して」という具体的な動作を加えました。

修体文素のくふう

次の例では、「花」を具体的に「カーネーションの花束」という言い方にしました。

> 小林くんが花をくれた。
>
> カーネーションの花束を

ださい。

「描写」というと、手間がかかることのように思うかもしれません。しかし、ちょっとした言葉の使い方で表現が変わるのです。

描写の順序の原則

複雑なものを「描写」するときには、時間を停止させます。その状態で対象となるものを順に描いていきます。絵や写真ならば一度に示すことができます。しかし、文に書いて示すとなると、絵を順にながめていくのと同じような時間的な順序があるわけです。

考えてみれば、絵画を見るときにも、一度に全体を見るわけではありません。部分ごとに焦点を定めて時間の順序で眺めています。文章で書くときにも、全体を説明してから、そのあとで描写するという書き方があります。それも一般に人がやっている見方です。

描写の順序について左のページの表にまとめました。この順序は、実際に人が物をながめたり、絵を描いたりするときの順序に対応しています。それぞれの描き方には特徴がありますから目的によって使い分けてく

描写の順序

順序	対象	特徴
①右から左／左から右	平面的、小さい、ヨコ長のもの	客観的な描写の方向。左右の選択は、文字を読む方向、見る人の利き腕と関係あるかもしれない。左右の位置に価値観のちがいもある。
②上から下／下から上	平面的、小さい、タテ長のもの	上から下が自然な見方。人のからだつきの描写では、見下ろしたときと見上げたとき、描くものの心理的なちがいが想像できる。
③外から内／内から外	立体的、丸いもの、四角いもの	立体的な容積のあるものに使われる。皿に盛られた料理は中心から、顔は外側の輪郭をとらえてから内側に向かって見られる。
④大から小／小から大	大きなもの、立体的、空間的	広い視野でながめたとき、大小の選択は描くものの主観による。鳥瞰の大胆さと虫の目のような繊細な表現とには差がある。
⑤近くから遠く／遠くから近く	ものの配置、空間的、景色	情景描写の典型。見通しのいい位置から情景や景色をながめるときに使われる。手前から向こうへ向ける視線である。

豆知識

文学文・理論文と接続語

接続語といってもいろいろあります。接続詞のほかにも、文と文とを論理的に関係づける語句があります。その使用目的によって、文学文の接続語と理論文の接続語に分類できます。接続語の使い方を見れば、その文章がおよそ文学文なのか理論文なのか判断ができます。

文学文の展開は、「物語」と「描写」なので、接続語もそれに応じたものです。

たとえば、時間の展開の接続語として使うのは、「そして、～ながら、～つつ、～同時に、それから、すると、～と」といったものです。

描写は空間の表現ですから、「そこで」「すると」など、「場」を想像させるものです。

理論文の展開は、「説明」と「論証」です。説明と論証とが入り混じった接続関係になります。

たとえば、「だから」「なぜなら」「ので」「から」「たとえば」「ところが」「(もし)ならば」などがあげられます。

さらに、文学文とも理論文とも分けられずにどちらにも共通する接続語もあります。

たとえば、「ために」「しかし」「けれども」「だが」などです。

一般に文章を書くというと無意識に文学文として書いてしまうものです。それで、時間の展開の接続語「そして」を使って、それに逆接「しかし」くらいで書かれる文章が多いのです。

しかし、文学文のような文章でも、いい文章には理論文の要素が加わっています。つまり、文と文、段落と段落とのあいだに論理的な関係があるのです。理論文で使う「なぜなら」「たとえば」「だから」「ので」「から」といった接続語があちこちにちりばめられているものです。

24

理論文の添削

理論文はおもに「説明」と「論証」で展開されます。本来のエッセイや論文なども理論文として書くべきものです。ところが、学生が作文を書くような意識からなかなか抜けられないようです。それは、「説明」や「論証」という文章の特徴が理解されていないからです。

また、文学文というと、「説明」はあっても「論証」の展開などはないものと思われますが、優れた小説には、きちんとした論理展開があります。

理論文の目標

まず、理論文の目標とする四つの性質について解説しましょう。153ページの「文学文と理論文との比較」を参照ください。

理論文の四つの特徴は、「①真理性、②一般性、③実践性、④論証性」です。理論文では、第一に「①真理性」を追究します。コトバの四原則で言う「正しく」の追究です。常に現実との関係をとらえながら、事実の裏づけのある真理を探究します。個人の経験を書くときにも、他の人にも、ほかの場合にも共通する真実を目指します。

そんな内容の広がりを「②一般性」といいます。しかも、そこに書かれたことは、今後の実践にも応用が可能です。それが「③実践性」です。それを証明するための展開が理論文の「④論証性」なのです。

まず、「結論」を書いて、それから「説明」と言う展開が理論文の基本です。理論文が直接に示すのは観念の世界ですから、文学文とはちがって「場」を組み立てる必要はありません。

(1)「説明」の展開

「説明」というのは、文中の語句やモノ・コトについて、理解に必要な知識を簡潔に書くことです。言葉については定義をすること、モノ・コトについてはコメントや注釈となります。目に見えるイメージではなく意味を解説します。

「説明」の展開の理論の基本は語句の「定義」です。文章中で新たな言葉が出てきたときには、説明が必要です。

説明には二つの要素があります。論理学では、「内《ない》包《ほう》」と言って言葉で説明する意味と、「外延《がいえん》」といって対象を指示するという面があります。まとめると次のようになります。

①内包《ないほう》

言葉による説明です。どのように定義するかについては、これから解説をします。

②外延《がいえん》

その言葉で指し示す対象を述べることです。

第一に、「内包」の定義です。簡単に「類プラス種差である」と言われます。つまり、そのものが何という「類」に属して、同類のものとのあいだにどんな「差」があるかということです。

「類」と「種」の関係の例として覚えやすいのは、「人類」と「人種」との関係です。たとえば、白色人種は人類に属しています。しかし、肌の色において、黒色人種や黄色人種とのちがいがあります。

それで次のように定義できます。

「白色人種とは、人類において肌の色が白いものをいう。」

第二に、「外延」の意味です。「内包」で示された対象に何があるかと指示することです。文章で言うならば、「たとえば」といって例をあげることです。

「腕時計」について説明をしてみましょう。

まず、「内包」を定義します。「腕時計」は「時計」

の仲間です。腕時計とは、「時計のなかで、腕にはめられるもの」となります。腕時計の「種」は時計、つまり、時間を計る機械です。「種差」は腕にはめるということです。

その次に「外延」の指示です。言葉で言うならば、「たとえば、今あなたがはめている時計も、私のはめているものもそれです。」といった表現です。

この定義の仕方を知っておくと、文中での言葉の説明に応用できます。国語辞典の語句の意味も、このような定義の仕方を基本にして書かれています。試しによく知っている言葉を引いて確かめてみてください。

説明の展開の実例

「説明」の展開は文学文にもあります。いい表現の実例を、夏目漱石「硝子戸の中」からふたつ紹介します。最初の文にある「二冊続きの書物」を、あとに続く二つの文で説明しています。

彼はある日私の部屋同様になっている玄関に上がり込んで、懐から二冊続きの書物を出して見せた。それは確かに写本であった。しかも漢文で綴ってあったように思う。

次の例は、後半が「伊勢本という寄席」の説明です。そこへ向かって歩くような展開で書かれています。

私は小供の時分能《よ》く日本橋の瀬戸物町にある伊勢本という寄席へ講釈を聴きに行った。今の三越の向《むこう》側《がわ》に何時《いつ》でも昼席の看板が掛かっていて、その角を曲がると、寄席はつい小半町行くか行かない右手にあったのである。

説明というと即物的なつまらないことのように思いがちですが、このように豊かな表現もできるのです。

(2)「論証」への添削

「論証」というのは、「ナニはナニである」という命題について、理由と根拠を示しながら展開することです。論を中心に論理的に文章を組み立てることです。手がかりになるのは接続語です。その基礎にあるのは三段論法による「意見」「理由」「根拠」という三段の立論です。「論証」の考え方については、32ページをご参照ください。

ここでは、「論証」の展開の添削の実際について、いくつか注意点を述べておきます。

①不要な接続語は削る

理論文の展開で文と文との論理が明確ならば接続語は不要です。ただし、書き手が論理を見失った文章には、適当な接続語をあてはめてみると、論理のアイマイさが分かります。「なぜなら……から」という文では、たいてい「なぜなら」は削れます。

> 残念だった。なぜなら、私が落としたのは、いちばんいいボールペンだったからだ。

②前おきと項目立てを利用する

論理のながれがつかめたら、前おきの言葉を書いて、順に項目を書き並べると分かりやすくなります。たとえば、「ポイントは……ある。第一は……、第二は……」という展開です。

> きのう聞いた話は、話しをどう聞くか、メモをどうとるか、話しをどうまとめるか、などだった。

③並立の言葉の最後にマトメの接続語

いくつかの語句を並立の関係で並べたときには、終わりの一つ手前でまとめの接続語を入れます。四つの項目がある場合はこうです。「○○、○○、○○、および／そして○○である。」

> 必ず用意するものは、メモ用紙、録音器、パソコン、それにホワイトボードである。

④立論は「理由」に加えて「根拠」まで書く

考えについて書くとき、「それは……から」と「理由」は書かれます。それに加えて「根拠」まで書き進めます。「というのは……から」という展開です。さらに、理由と根拠の支えとなる「事実」が捉えられているかどうか確認します。

> 発声の姿勢は重要だ。なぜなら、よく息が出るからだ。というのは、声は息で決まるからだ。

⑤意見のあとは「なぜなら」か「たとえば」で展開する

「○○は……である」という考えを書いたら、必ず、事例としての「たとえば」あるいは理由としての「なぜなら」が必要です。「たとえば」の必要な文は、「いろいろ／たくさん」という要素を含む文です。「なぜなら」の必要な文は意志的な行動の要素を含む文です。自然のできごとや感覚的なものには不要です。

> きのうは私は遅刻をしてしまった。なぜなら、寝坊したからだ。
> 私はあちこち旅に出る。たとえば、北海道や九州にも行った。

⑥重文のつながりにおいては論理づけをする

重文を動詞の連用形でつないだために論が成り立たないことがよくあります。「○○が……し、……し、……する」という展開です。「……から／ので」で理由づけができます。

> きのうは買い物をし、疲れて家へ帰り、妻に当たってしまった。

⑦名詞止めの文は原則として書かない

名詞止めの文は論にはなりません。文章が情緒にながれます。名詞で止めると、考えが中止されて断定されません。必ず、判断を示す述語を加えて文にします。

> 文章上達には文章をたくさん書くことが重要。人にもすすめている。

以上、実際の文章での論証の言い回しについて述べました。

文と文との論理的な関係については125ページ「接続語の使い分け」を、段落の構成については142ページ「段落の切り分けとまとめ方」をご参照ください。

第5章

添削力を磨く

25

新聞見出しの文章化

添削の基本は文つくりです。ばらばらの語句をまとめたり、組み替えたり、つなげたりして、文のかたちに整えることです。添削が必要な文は、文としてのまとまりが悪いものや、文の組み立てかたにまちがいがあるのです。

添削の能力をつけるには、とにかく添削を繰り返すことです。日ごろからいろいろな文章に添削をして腕を磨き、いざというときに備えるのです。できるだけたくさんの文章を読んで経験を増やしましょう。とはいっても、いつでも添削するための文章が手元にあるわけではありません。

新聞の見出しへの添削

文つくりの添削の練習のためにいい材料があります。

新聞記事の見出しです。見出しとは、記事のはじめに三つか四つ、大きな文字で書かれている短くまとまった語句のことです。文章にはなっていません。それをつなげて文章のかたちに仕上げるのです。

見出し全体を一文にまとめるのでも、二つ三つの文にするのでもかまいません。文章になっていない分だけ、添削者が自由に手を入れられます。それが添削力を高めるいい訓練になるのです。毎日ひとつずつ、一か月つづけたら、まちがいなく添削力がつきます。

文章化の目的は、文のかたちで明確な命題を組み立てることです。新聞の見出しを文章にするための基本作業は二つあります。

第一に、主部と述部の発見です。文は、主部と述部とをつなげることから始まります。どの語句を主部にして、どの語句を述部にするかが基本です。これなしには始まりません。名詞の語句が主部に、動詞や形容詞の語句が述部になります。(65ページ「日本語の三文型」参照)

第二に、それぞれの語句に助詞の「て、に、を、は」を補うことです。それぞれの語句に助詞をつけることによって、文中での役割が決まります。

文においては、それぞれの単語の役割は助詞がつくことで示されます。語句が単独で意味を持つのではなく、「て、に、を、は」がつくことによって、はじめて文中で生きて動き出します。それが文素としてのはたらきなのです。

名詞に「が」がつくと主文素となり、「の」がつくと修体文素になります。また、「を」がつけば客文素になるわけです。助詞のついた語句は、つながることばを求めて動き出します。それが文のながれなのです。(84ページ「文の成分(文素)・要素一覧」参照)

漢語の品詞は三通り

見出しには漢語が多く使われます。それぞれの漢語の役目を見分けることによって、その語句が文のどんな要素となるか判断できます。

漢語は次の三通りに分けられます。

①名詞

名詞の漢語です。三つのなかでいちばん多いものです。名詞としてのみ使われます。人名、地名、品物の名前などです。たとえば、総理、政治、学校、食物です。

②スル名詞

名詞なのですが、スルをつけると動詞になります。たとえ名詞と動詞と二つのはたらきを兼ねています。たとえば、「料理」ならば、「お待ちどうさま」と出された「料理」は名詞です。しかし、スルをつけた「料理する」は動詞です。たとえば、決議、発展、指名などがあります。

③ナ形容詞

学校教育では「形容動詞」と呼んでいました。外国人のための日本語教育では、「ナ形容詞」と呼んでいます。言い切りは「……だ」という形ですが、名詞につなぐと「……な」となるので、ナ形容詞といいます。たとえば、「軽快」ならば、「軽快な服装」です。言い切りでは「軽快だ」となります。ちなみに、「形容詞」は、名詞をつないだとき「イ」になるのでイ形容詞です。「軽い」が「軽い本」となります。

　また、漢語に付加されて「ナ形容詞」を作るのが、「的」です。たとえば、「活動」につけると、「活動的な」というナ形容詞になります。

新聞の見出しを文章にする

　実際の見出しを文章化してみましょう。最初は記事を読まずに、見出しだけを読んで文章を組み立てます。途中で内容を理解するのに迷ったならば、参考のために記事を読みます。いきなり記事を読むときよりも、記事の内容が深く理解できます。

　では、次の三行の見出しを例にしましょう。

チェス日中対抗戦
羽生さんが苦戦
初出場、負け越し

添削の結果は次のような文章になりました。

日本と中国のチェスの対抗戦に羽生さんが初出場しましたが、苦戦して負け越しました。

　です・ます体にしたのは、新聞の見出しの文章化としては異例ですが、「羽生さん」という名称からです。

見出しの文章化の手順

　では、どのような添削の経過をとったのか、次のページの赤ペンの添削図を見ながらお読みください。

チェス日中対抗戦
羽生さんが苦戦
初出場、負け越し

最初に語句の品詞の確認をします。

名詞の語句は四つ、「チェス」「日中対抗戦」「羽生さん」「負け越し」です。「負け越し」は「負け越す」という動詞の名詞形です。

ナ形容詞の語句はありません。スル名詞は二つ、「苦戦」と「初出場」です。これが述部になります。では、主部はだれなのでしょうか。「羽生さん」です。

それで二つの文ができます。できごとの順序どおりにすると、「羽生さんが初出場した。」「羽生さんが苦戦した。」となります。

あとは、他の語句に助詞をつけてつなげます。「チェス日中対抗戦」には「に」がつきます。「負け越し」には「を」をつけて「負け越しをした」とするか、そのまま「負け越した」とします。

省略語を復元する

新聞記事の特徴として省略語の問題があります。この見出しでも、「チェス日中対抗戦」を省略せずに書いたら「チェスの日本と中国との対抗戦」です。

新聞で省略語が多用される一つの理由は、文字数を減らして紙面に多くの情報を掲載するためです。また、新聞は日々、刊行されるものなので、その時期の常識的な用語や流行語は常識にまかせます。その結果、省略語が増えるのです。

しかし、五十年たっても意味が分かるような文章にしたいなら、時代の変化によって古くならないように正式の語句を使いましょう。近ごろの新聞には囲みで用語解説もついているので、それが参考になります。

また、英文字による省略語もマスメディアにはたくさんあります。分かっているつもりでも、必ず日本語の表記を確認しましょう。近年、ますます英字の省略語が増えていることには警戒しましょう。英文字を並べると分かったつもりになりがちです。省略語の便利さは、思考の省略につながる危険があります。

新聞見出しの読み深め

もう一つ、新聞の見出しを取りあげてみましょう。今度は、見出しから記事の内容を想像して読み深めるという読み方です。

まず次の見出しをご覧ください。基本的な情報はこれだけです。ここから考えてみます。

太宰作品の舞台
「文化遺産」残せ
「人間失格」原型執筆したアパート
杉並で来月サミット

まず、ダイ・ドドナ・ドドナ（ダレガ・イツ・ドコデ・ドンナ・ナニヲ・ドウ・ドウスル・ナゼ）の確認です。その中から「イツ、ドコデ、ダレガ、ナニヲ、ドウスル」という基本項目を取り出します。

イツは「来月」、ドコデは「杉並」、ダレガは書かれてありません。ナニヲは「サミット」です。

ドウスルのために、述部になる語句を探しましょう。二つあります。「残せ」と「執筆」です。二行目の「残せ」は「残す」の命令形です。「文化遺産」を「残せ」と言うのです。

では、「文化遺産」とは何か。「「人間失格」原型執筆したアパート」のようです。さらに、それが「太宰治作品の舞台」とつながるようです。

では、「ダレが」「残せ」と言うのか。柔らかく言えば「お願い」です。お願いには相手の「ダレに」もいるはずです。ダレが、ダレに、ナニをお願いしているのでしょうか。

そこで、「サミット」が出てきます。残すこととサミットとがつながります。「サミット」とは「最高首脳による国際会議。トップ会談。」という意味です。大げさな言葉にするのはマスメディアの常道です。まあ、文化的な集まりをするということでしょう。

もう一つの漢語のスル動詞が「執筆」です。主体は

「太宰」つまり作家の太宰治です。見出しのカギつきの「人間失格」は太宰の代表作とされる作品です。「サミット」の開催と作家の太宰の行動の二つがつながって、時代を超えた文化の交流を感じさせます。

また、「文化遺産」と対置されたのが、「『人間失格』を執筆したアパート」、それは「太宰作品の舞台」ということになります。「杉並」というのは東京の杉並区のことですから、アパートの所在地であるとわかります。

ここで、記事本文を読んでみましょう。アパートの名前は「碧雲荘《へきうんそう》」であると書かれています。昭和初期にできた二階建ての日本家屋で、太宰は二階の八畳間で生活していました。当時書かれた作品は「HUMAN LOST」だそうです。それが「『人間失格』の原型」だと言うのです。

以上、四行の見出しを熟読しましたので、添削にかかりましょう。このあとに、三通りの添削例を示しておきます。添削の赤ペンと並べて仕上がった文章も示します。

太宰作品の舞台
「文化遺産」残せ
「人間失格」原型執筆したアパート
杉並で来月サミット

①「人間失格」の原型を執筆したアパートは太宰治作品の舞台で「文化遺産」なのだから残してほしいと、東京の杉並区で来月「サミット」が開かれる。

太宰作品の舞台
「文化遺産」残せ
「人間失格」原型執筆したアパート
杉並で来月サミット

②来月、東京の杉並区で「サミット」が開かれる。「人

間失格」の原型を執筆したアパートを残してほしいという。太宰作品の舞台は「文化遺産」なのだと主張している。

太宰作品の舞台
「文化遺産」残せ
「人間失格」原型執筆したアパート
杉並で来月サミット

③太宰作品の舞台を「文化遺産」として残せ。「人間失格」の原型を執筆したアパートのある東京の杉並区で来月、「サミット」が開催される。

以上、添削された三つの文章を読み比べてみてください。使っている言葉は同じですが、その内容には微妙なちがいがあります。それが読み手の理解の仕方のちがいなのです。新聞の見出しを添削することによって、このように見出しの内容が理解できるのです。

あなたも、新聞の見出しの文章化を実行してみてください。添削の訓練としてだけではなく、少ない情報からものごとを考える訓練としても有効な方法です。

26 です・ます体と常体との相互変換

文章の書き方として、人から聞いた話を文章に書き直すやり方があります。インタビューや対談・座談などを記事にすることもあります。話しは「です・ます体」ですから、ときには常体に直す必要があります。

宮沢賢治「銀河鉄道の夜」は「です・ます体」で書かれています。その文体を常体に直してみましょう。単に文末の直しだけでは済まないところが出てきますから、その場合の書き換えの仕方についても考えてみましょう。

宮沢賢治『銀河鉄道の夜』の添削

はじめに、添削をする部分の原文をお読みください。ジョバンニが林の中の道を歩いていく場面です。三つの文でできていますが、三つ目の文が長いので、添削のときには四つに分けます。

> 銀河鉄道の夜　　宮沢賢治
>
> ジョバンニは、もう露の降りかかった小さな林のこみちを、どんどんのぼって行きました。まっくらな草や、いろいろな形に見えるやぶのしげみの間を、その小さなみちが、一すじ白く星あかりに照らしだされてあったのです。草の中には、ぴかぴか青びかりを出す小さな虫もいて、ある葉は青くすかし出され、ジョバンニは、さっきみんなの持って行った烏瓜《からすうり》のあかりのようだとも思いました。

①ジョバンニは、もう露の降りかかった小さな林のこみちを、どんどんのぼって行きました。

←

ジョバンニは、もう露の降りかかった小さな林のこみちを、どんどんのぼって行きました。

個人の「もう」という主観が「降りかかった」に対応します。「降りかかった」を客観的な「降り始めた」に直しました。「です・ます体」では、事態よりも思いを伝えようとする意識が強いのです。

②まっくらな草や、いろいろな形に見えるやぶのしげみの間を、その小さなみちが、一すじ白く星あかりに照らしだされてあったのです。

←

まっくらな草や、いろいろな形に見えるやぶのしげみの間を、その小さなみちが、一すじ白く星あかりに照らしだされてあったのです。

「あったのです」は、「あった＋の（こと）＋です」です。「のです」は強調です。客観は「あった」です。「ある」は無生物に、「いる」は生物に使われます。「ている」で状態を表現します。

③草の中には、ピカピカ青びかりを出す小さな虫もいて、ある葉は青くすかし出され、

二通りの添削をしました。前の方は、「ある葉」を「一枚の葉」と限定しました。あとの方では、虫の光が原因で「ある葉」がすかし出されることにしました。

草の中には、ピカピカ青びかりを出す小さな虫もいて、ある葉は青くすかし出され、
（添削：一枚の／すけて見えた。）

草の中には、ピカピカ青びかりを出す小さな虫もいて、ある葉は青くすかし出され、
（添削：いる光／ので、／が）

④ジョバンニは、さっきみんなの持って行った烏瓜のあかりのようだと思いました。

ジョバンニは、さっきみんなの持って行った烏瓜のあかりのようだと思いました。
（添削：が／みたいだ）

「みんな」は主語なので、「の」は「が」に直します。「ようだ」を「みたいだ」にしたのは、作中の語り手の口調と人物の心の声との差を表現するためです。

以上、常体の文体にすると、語り手と読み手との距離が広がることがよくわかります。

よく使われる敬語の上げ下げ

ふつう語	尊敬語（相手側）	謙譲語（自分側）
会う	お会いになる、お会いくださる	お目にかかる
与える（くれる）	くださる	差し上げる
いっしょに行く	お連れになる、お連れくださる	お供いたす
行く	いらっしゃる、おいでになる	参る、うかがう、あがる
いる	いらっしゃる、おいでになる	おります
帰る	ご帰宅、お帰りになる、お戻りになる	帰宅いたす、失礼いたす、失礼させていただく
考える	お考え願う、ご配慮くださる	考えさせていただく
外出する	お出かけ	出ております、出かけております
聞く	お耳に入る	承る、うかがっております
着る	お召しになる	(身につける)
来る	いらっしゃる、おいでになる、お見えになる	参る
出発する	おたちになる	参る
知る	ご存じ、お見知りおき、お知り	存じ上げる、存じ上げております
する	なさる、される	いたす
訪ねる	おいでになる	うかがう、あがる
食べる	召し上がる、ご賞味くださる	いただく
寝る	おやすみになる	やすむ
話す／言う	おっしゃる、お話になる	申す、申し上げる
見る	ご覧になる、お目にとまる	拝見する、見せていただく、お見せいただく
もらう	お受けくださる	いただく、（くださる）

です・ます体による「坊っちゃん」

こんどは逆に、常体の文体を「です・ます体」に添削してみましょう。取りあげるのは夏目漱石「坊っちゃん」です。「おれ」という一人称で語られる作品です。

相手を意識した文体なのですが、荒っぽい口調です。です・ます体にするときに、敬語の表現を加えてみましょう。どのように印象が変わるか楽しみです。敬語への転換には、右のページの表「よく使われる敬語の上げ下げ」を参考にしてください。

まず問題になるのが、語り手が自分をどう呼ぶかという選択です。「おれ」と対極になる「私（わたくし）」にしました。次に、文末の丁寧さの問題です。文末は「です」と「ございます」と二通りです。ここでは、「おれ」とは対極になる「ございます」を選びました。あとの書き換えの傍線部分が敬語表現です。一覧表の敬語表現と比較して確認してください。（です・ます体の基本については、110ページ参照）

坊っちゃん　　夏目漱石

親譲りの無鉄砲で小供の時から損ばかりしている。小学校に居る時分学校の二階から飛び降りて一週間ほど腰を抜かした事がある。なぜそんな無闇をしたと聞く人があるかも知れぬ。別段深い理由でもない。新築の二階から首を出していたら、同級生の一人が冗談に、いくら威張っても、そこから飛び降りる事は出来まい。弱虫やーい。と囃したからである。小使に負ぶさって帰って来た時、おやじが大きな眼をして二階ぐらいから飛び降りて腰を抜かす奴があるかと云ったから、この次は抜かさずに飛んで見せますと答えた。

①親譲りの無鉄砲で小供の時から損ばかりしている。

←

親譲りの無鉄砲で小供の時から損ばかりしている。

②小学校に居る時分学校の二階から飛び降りて一週間ほど腰を抜かした事がある。

←

小学校に居る時分学校の二階から飛び降りて一週間ほど腰を抜かした事がある。

主部の「わたくし」と「ございます」とが、丁寧さで対応しています。

①私は親譲りの無鉄砲でございまして、小供の時から損ばかりしております。

「居る」は「居《い》ました」「居《お》りました」に直せます。「ある」は丁寧の現在形の「ございます」になります。「飛び降りて」まで「飛び降りまして」にすると、くどすぎます。

②小学校に居りますころ、学校の二階から飛び降りて一週間ほど腰を抜かした事がございます。

③なぜそんな無闇をしたと聞く人があるかも知れぬ。

なぜそんな無闇をしたと聞く人があるかも知れぬ。

←

④別段深い理由でもない。

別段深い理由でもない。

←

「そんな」よりも「そのような」の方が丁寧です。「聞く」は問いかけられたので「尋ねる」とします。

③「なぜそのような無闇をしたのか」とお尋ねになる方があるかも知れません。

「ございません」は「ある」の丁寧形「ござる」の否定形に、「ます」がついています。

④別段深い理由ではございません。

⑤新築の二階から首を出していたら、同級生の一人が冗談に、いくら威張っても、そこから飛び降りる事は出来まい。弱虫やーい。と囃したからである。

←

新築の二階から首を出していたら、同級生の一人が冗談に、いくら威張っても、そこから飛び降りる事は出来まい。弱虫やーい。と囃したからである。

場面構成のための主語「私」を入れます。同級生の会話の引用が、句点を越えてつながっていますから、カギの中にいれました。

⑤私が新築の二階から首を出しておりましたら、同級生の一人が冗談に、「いくら威張っても、そこから飛び降りる事は出来まい。弱虫やーい」と囃したからでございます。

⑥小使に負ぶさって帰って来た時、おやじが大きな眼をして二階ぐらいから飛び降りて腰を抜かす奴があるかと云ったから、この次は抜かさずに飛んで見せますと答えた。

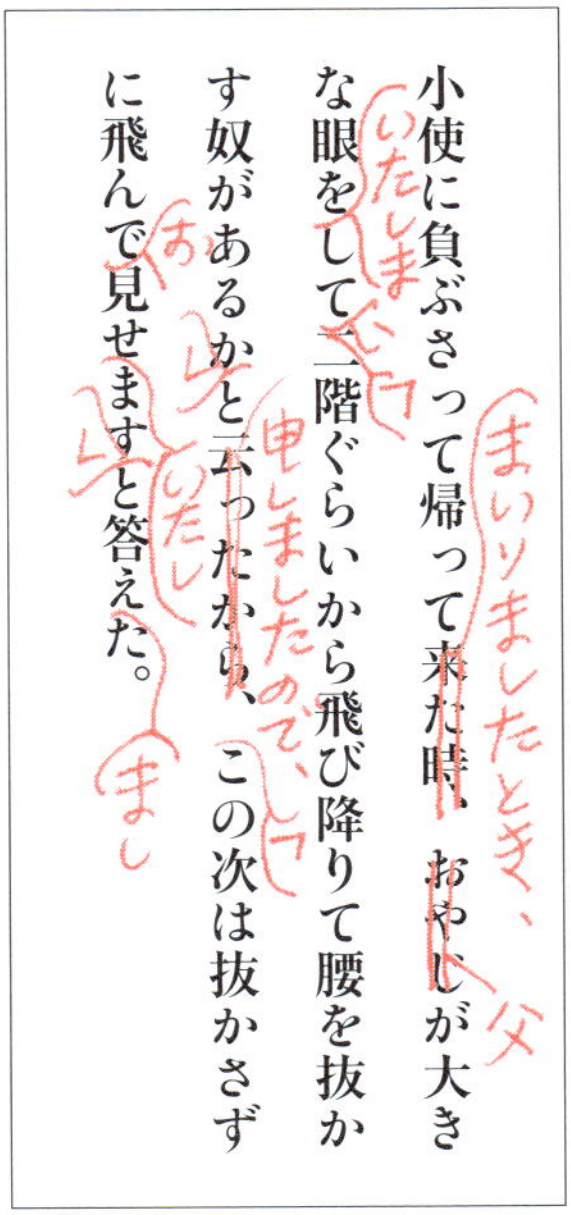
小使に負ぶさって帰って来た時、おやじが大きな眼をして二階ぐらいから飛び降りて腰を抜かす奴があるかと云ったから、この次は抜かさずに飛んで見せますと答えた。

「親爺」は乱暴な話しことばですから、「父」にしました。父の行動は自分の側ですから、「する」の謙譲語「いたす」を使いました。

⑥小使に負ぶさって帰ってまいりましたとき、父が大きな眼をいたしまして、「二階ぐらいから飛び降りて腰を抜かす奴があるか」と申しましたので、「この次は抜かさずに飛んでお見せいたします」と答えました。

以上のように、同じ語りかけの文体でも、「おれ」が語る話と、「わたくし」が語る話ではずいぶん調子が変わってきます。「坊っちゃん」はまだ続きがあります。あとの部分をです・ます体に添削してみると、日常生活で敬語を使うためのいい訓練になります。

あなたもこのつづきを添削してみませんか。

27 翻訳文に添削する

日本語に訳された文学作品はたくさんあります。しかし、日本語らしくない表現で読みにくいものが目立ちます。また、外国の文学を翻訳で読むだけではなく、外国語の文章を翻訳する必要のある方もいると思います。直訳した文章を日本語に表現するのに苦労している人もいることでしょう。

翻訳作品を読むときには、読者は「こんな意味だろうな」と想像しながら読んでいます。わたしは音声表現して外国の文学作品を読むときには、いくつかの翻訳を付き合わせて、それぞれの文章を比べて添削をしています。いわば、添削というものは、他人の日本語を自分の日本語へと翻訳する作業なのです。

外国語から自国語への翻訳はお互いの距離が遠いものですが、日本語から日本語の距離はずいぶん近くなります。それだけに表現の微妙なちがいがよく分かります。

翻訳の文章は添削のためのいい材料です。その目的は、翻訳ではなく添削なのですから、原語を知らなくてもいいし、原語に当たって正確に訳さなくてもかまいません。いわば、自分なりの文章の読み方を目指せばいいのです。

(1)瀬沼夏葉訳のチェーホフ「六号室」

最初にチェーホフの作品「六号室」を取りあげます。

チェーホフはロシアの作家です。「かもめ」「桜の園」「三人姉妹」などの戯曲が有名ですが、たくさんの短篇小説を書いています。日本には明治時代からいろいろな人の翻訳で紹介されています。これは明治三十九年（1906年）「文藝界」に掲載された瀬沼夏葉訳です。百十年も前の訳です。むずかしい漢字も使っていますが、総ルビつきですから読めるでしょう。

　病院の庭のようすが描写されています。まず、声に出して読んでみてください。固い翻訳です。古くさい感じがするのは「名詞止め」にも原因があります。固さと古くささばかりでなく、文章の読みにくさもあります。

六号室　　チェーホフ　瀬沼夏葉訳

町立病院《ちょうりつびょういん》の庭《にわ》の内《うち》、牛蒡《ごぼう》、蕁草《いらぐさ》、野麻《のあさ》などの簇《むらが》り茂《しげ》ってる辺《あたり》に、小《ささ》やかなる別室《べっしつ》の一棟《むね》がある。屋根《やね》のブリキ板《いた》は錆《さ》びて、烟突《えんとつ》は半破《なかばこわ》れ、玄関《げんかん》の階段《かいだん》は紛堊《しっくい》が剥《は》がれて、朽《く》ちて、雑草《ざっそう》さえのびのびと。正面《しょうめん》は本院《ほんいん》に向《むか》い、後方《こうほう》は茫広《ひろびろ》とした野良《のら》に臨《のぞ》んで、釘《くぎ》を立《た》てた鼠色《ねずみいろ》の塀《へい》が取《とり》繞《まわ》されている。この尖端《せんたん》を上《うえ》に向《む》けている釘《くぎ》と、塀《へい》、さてはまたこの別室《べっしつ》、こは露西亜《ロシア》において、ただ病院《びょういん》と、監獄《かんごく》とにのみ見《み》る、儚《はかな》き、哀《あわれ》な、寂《さび》しい建物《たてもの》。

　蕁草《いらぐさ》に掩《おお》われたる細道《ほそみち》を行《ゆ》けば直《す》ぐ別室《べっしつ》の入《いり》口《ぐち》の戸《と》で、戸《と》を開《ひら》けば玄関《げんかん》である。壁際《かべぎわ》や、暖《だん》炉《ろ》の周辺《まわり》には病院《びょういん》のさまざまの雑具《がらくた》、古寐台《ふるねだい》、汚《よご》れた病院服《びょういんふく》、ぼろぼろの股引下《ズボンした》、青《あお》い縞《しま》の洗《あらい》淩《ざら》しのシャツ、破《やぶ》れた古靴《ふるぐつ》と云《い》ったような物《もの》が、・・・ごたくさと、山《やま》のように積《つ》み重《かさ》ねられて、悪臭《あくしゅう》を放《はな》っている。

一文ごとの検討

段落は二つ、第一段落は四つの文、第二段落は二つの文です。文字数は、約三三〇文字です。

まず、一文ごとにキーワードを取り出します。第一段落は、①別室の一棟、②建物のようす、③周囲のようす、④寂しい建物、第二段落は、⑤玄関、⑥山と積まれた物、です。

以下、一文ごとに原文と添削文とを並べて示します。比較しながらコメントをお読みください。

①町立病院《ちょうりつびょういん》の庭《にわ》の内《うち》、牛蒡《ごぼう》、蕁草《いらぐさ》、野麻《のあさ》などの簇《むら》り茂《しげ》ってる辺《あたり》に、小《ささ》やかなる別室《べっしつ》の一棟《むね》がある。

←

町立病院《ちょうりつびょういん》の庭《にわ》の内《うち》、牛蒡《ごぼう》、蕁草《いらぐさ》、野麻《のあさ》などの簇《むらが》り茂《しげ》ってる辺《あたり》に、小《ささ》やかなる別室《べっしつ》の一棟《むね》がある。

読者に最初に見せるものは単文がよいでしょう。冒頭ですから、場面のイメージがながれるように浮かんでほしいものです。長い名詞句があります。「牛蒡《ごぼう》、蕁草《いらぐさ》、野麻《のあさ》などの簇《むらが》り茂《しげ》ってる辺《あたり》に」です。二つの文に分けました。

②屋根のブリキ板は錆びて、烟突は半破れ、玄関の階段は紛聖が剝がれて、朽ちて、雑草さえのびのびと。

「屋根」と「煙突」との関係は「玄関」よりも強いのでまとめて、文を区切ります。「階段」と「雑草」とは、文で分けて区別します。「雑草（が）」の述部を書き加えます。

屋根のブリキ板は錆びて、烟突は半破れ〔かけている〕で玄関の階段は紛聖が剝がれて〔落ちて〕〔かけそう〕〔だけが〕朽ちて、雑草さえのびのびと〔ぴしている。〕

③正面は本院に向い、後方は茫広とした野良に臨んで、釘を立てた鼠色の塀が取繞されている。

「塀」の「正面」と「後方」の描写です。「向い」が連用形の中止なので、つながる先がアイマイです。「取繞されて」は古い言い方なので「囲まれて」としました。

正面は本院に向〔あって〕い、後方は茫広とした野良に臨んで、釘を立てた鼠色の塀〔で囲ま〕が取繞されている。

④この尖端《せんたん》を上《うえ》に向《む》けている釘《くぎ》と、塀《へい》、さてはまたこの別室《べっしつ》、こは露西亜《ロシア》において、ただ病院《びょういん》と、監獄《かんごく》とにのみ見《み》る、儚《はかな》き、哀《あわれ》な、寂《さび》しい建物《たてもの》。

←

この尖端《せんたん》を上《うえ》に向《む》けている釘《くぎ》と、塀《へい》、さてはまたこの別室《べっしつ》、こは露西亜《ロシア》において、ただ病院《びょういん》と、監獄《かんごく》とにのみ見《み》る、儚《はかな》き、哀《あわれ》な、寂《さび》しい建物《たてもの》。

指示語の「この」には強調の意味があります。「向けている」が「釘」を擬人化して意志が感じられます。「向けた」でも状態が継続します。テンをとって「釘と塀」「病院と監獄」と関連させます。「儚《はかな》き、哀《あわれ》な、寂《さび》しい建物」と三つの形容詞を重ねるのはチェーホフの文体の一つの特徴です。

⑤蕁草《いらぐさ》に掩《おお》われたる細道《ほそみち》を行《ゆ》けば直《す》ぐ別室《べっしつ》の入口《いりぐち》の戸《と》で、戸《と》を開《ひら》けば玄関《げんかん》である。

←

蕁草《いらぐさ》に掩《おお》われたる細道《ほそみち》を行《ゆ》けば直《す》ぐ別室《べっしつ》の入口《いりぐち》の戸《と》で、戸《と》を開《ひら》けば玄関《げんかん》である。

「掩《おお》われたる」は古い言い回しです。「行けば」の「ば」は仮定（……ならば）と既定（……ので）との意味があります。「行けば」は既定の「行くと」です。「戸がある」と断定すると「玄関である」と二つの文が対等になります。

⑥壁際《かべぎわ》や、暖炉《だんろ》の周辺《まわり》には病院《びょういん》のさまざまの雑具《がらくた》、古《ふる》寝台《ねだい》、汚《よご》れた病院服《びょういんふく》、ぼろぼろの股引下《ズボンした》、青《あお》い縞《しま》の洗《あらい》浚《ざら》しのシャツ、破《やぶ》れた古靴《ふるぐつ》と云《い》ったような物《もの》が、ごたくさと、山《やま》のように積《つ》み重《かさ》ねられて、悪臭《あくしゅう》を放《はな》っている。

壁際《かべぎわ》や、暖炉《だんろ》の周辺《まわり》には病院《びょういん》のさまざまの雑具《がらくた》古《ふる》寝台《ねだい》、汚《よご》れた病院服《びょういんふく》、ぼろぼろの股引下《ズボンした》、青《あお》い縞《しま》の洗《あらい》浚《ざら》しのシャツ、破《やぶ》れた古靴《ふるぐつ》と云《い》ったような物《もの》が、ごたくさと、山《やま》のように積《つ》み重《かさ》ねられて、悪臭《あくしゅう》を放《はな》っている。

定石通り、まず結論を書きます。それから「さまざまな雑具」の具体例です。「と云ったような物」は文のたるみの典型です。最後のテンをつないで「山のように積み重ね」は「悪臭を放って」いることの理由にしました。

大きな書きかえはしていません。しかし文の微妙な変化によって情景の浮かび方にちがいがあります。

もう一度、原文にもどって読みくらべてみてください。

では、添削した文をつなげた文章をお読みください。

添削後の文

町立病院《ちょうりつびょういん》の庭《にわ》に、小《ささ》やかなる別室《べっしつ》の一棟《むね》がある。屋《や》辺《あたり》には、牛蒡《ごぼう》、蕁草《いらぐさ》、野麻《のあさ》などが簇《むらが》り茂《しげ》っている。屋根《ね》のブリキ板《いた》は錆《さ》びて、烟突《えんとつ》は半破《なかばこわ》れかけている。玄《げん》関《かん》の階段《かいだん》は紛堊《しっくい》が剥《は》がれ落《お》ちて、朽《く》ちかけている。雑《ざっ》草《そう》だけがのびのびとしている。正面《しょうめん》は本院《ほんいん》に向《むか》いあって、後方《こうほう》は茫広《ひろびろ》とした野良《のら》に臨《のぞ》んで、釘《くぎ》を立《た》てた鼠色《ねずみいろ》の塀《へい》で囲《かこ》まれている。尖端《せんたん》を上《うえ》に向《む》けた釘《くぎ》と、塀《へい》、そしてこの別室《べっしつ》、ここは露西亜《ロシア》においては、病院《びょういん》と監獄《かんごく》とだけに見《み》る、儚《はかな》く哀《あわれ》な寂《さび》しい建物《たてもの》である。

蕁草《いらぐさ》に掩《おお》われた細道《ほそみち》を行《ゆ》くと、直《す》ぐに別室《べっしつ》の入口《いりぐち》の戸《と》である。戸《と》を開《ひら》けば玄関《げんかん》である。壁際《かべぎわ》や暖炉《だんろ》の周辺《まわり》には、病院《びょういん》のさまざまな雑具《がらくた》がある。古《ふる》ベッド、汚《よご》れた病院服《びょういんふく》、ぼろぼろの股引下《ズボンした》、洗浚《あらいざら》しの青《あお》い縞《しま》のシャツ、破《やぶ》れた古靴《ふるぐつ》などが、ごちゃごちゃと山《やま》のように積《つ》み重《かさ》ねられて悪臭《あくしゅう》を放《はな》っている。

(2)固い翻訳をです・ます体にする

もうひとつ、固い翻訳文への添削をしてみましょう。柔らかい文体にするために、です・ます体に変えることにします。

です・ます体の特徴は、相手を意識して尊重する柔らかい文体だという点です。相手との関係によって、敬意の度合いがちがいます。明らかな尊敬や謙譲のことばがなくても、尊敬の態度が現われます。

取りあげるのは、マハトマ・ガンジーの書いた「非暴力」という文章の古い翻訳です。「非暴力　エム・ケー・ガンジー（福永渙訳）」です。大正十一年（1922年）「ヤング・インデイア」に発表されました。

まず読んでみてください。歴史的仮名遣いは、あとで現代仮名遣いに直します。

非暴力　エム・ケー・ガンジー　（福永渙訳）

人が非暴力であると主張する時、彼は自分を傷けた人に對して腹を立てない筈だ。彼はその人が危害を受けることを望まない。彼はその人の幸福を願ふ。彼はその人を罵詈しない。彼はその人の肉體を傷けない。彼は惡を行ふ者の加ふるすべての害惡を耐忍ぶであらう。

それでは次のページで順に①から⑥までの文ごとに、どのように添削するか考えてみましょう。

①人が非暴力であると主張する時、彼は自分を傷つけた人に対して腹を立てない筈だ。

←

人が非暴力であると主張する時、彼は自分を傷つけた人に対して腹を立てない筈だ。

「非暴力である」はだれかの発言です。どういう意味でしょうか。アイマイなので、より明確に「私は非暴力主義である」と明確な発言にしました。

「彼」は、こなれない日本語なので「その人」としました。「筈だ」という断定の言葉のウラには、「そうでないようだ」「事実はそうではない」と感じられます。それで「きっと」→「でしょう」というつながりにしました。「時」は、「……ならば」という想定された条件のことです。

②彼はそのひとが危害を受けることを望まない。

←

彼はそのひとが危害を受けることを望まない。

前文の主語を受けた「彼は」を削除します。「その人」は「相手」です。「望まない」に「です」をそのまま付けた「望まないです」は使いません。「すら」よりも「だって」の方が柔らかです。

③ 彼はその人の幸福を願ふ。

← 彼はその人の幸福を願ふ。
（赤字）それどころか／相手の／〜うでしょう。

④ 彼はその人を罵言しない。

← 彼はその人を罵言しない。
（赤字）また、／も／ません。

⑤ 彼はその人の肉体を傷つけない。

← 彼はその人の肉体を傷つけない。
（赤字）も／ません。

「その人」を「相手」とすると加害と被害の関係が明確になります。前文とのつながりで、程度の高い「それどころか」という接続語を入れました。主語は①と②から「ある人」を引き継いでいます。

「彼はそのひと」の繰り返しを削るとリズムが出てきます。その代わり繰り返しの助詞「も」を入れます。

④で「幸福」から「罵言」へと、評価の次元がマイナスになるので「また」を入れました。それで二つが並列になります。「幸福を願う」ことと「罵言をしない」ことと言葉が対等に並びます。④⑤の文末の断定「ません」の繰り返しでリズムができます。

⑥彼は悪を行ふ者の加ふるすべての害悪を耐え忍ぶであらう。

↓

> 彼は悪を行ふ者の加ふるすべての害悪を耐え忍ぶであらう。

添削後の文

それでは、添削した文章をつなげて読んでみてください。

ある人が「私は非暴力主義である」と主張するとしたら、その人は自分が傷つけられてもきっと腹を立てないでしょう。相手が危害を受けることすら望みません。それどころか、相手の幸福を願うでしょう。また、罵言もしません。肉体も傷つけません。つまり、その人は悪を行う者が加えるすべての害悪を耐え忍ぶことでしょう。

まとめの文です。②から⑤までをまとめる「つまり」を入れます。そして、改めて主語である「その人」を入れます。それによって、はっきりまとまります。⑥の文末はまた推定になっています。「こと」を入れたので強調になります。

以上、できる限り正確に原文を読んで、その表現を生かすように仕上げました。

文章は活字として存在するのではなく、だれかに読まれることに意味があります。翻訳文についても、正確に理解するためには、このような添削作業をすることが必要になります。

28 逆添削のすすめ

将棋や囲碁には棋譜というものがあります。対局を記録として残すばかりではなく、対局の経過を振り返ることができます。とくに囲碁の棋譜はすばらしいものです。たった一枚の図を見るだけで、対局の最初から終わりまで全体が想像できます。

同じように添削の過程と結果とを一覧できるのが、赤ペンの印しです。書き込まれた赤ペンのあとをたどれば、どこがどのように添削されたか分かります。原文と添削済みの文章とを比較しながら添削の過程をたどれるので、添削の方法も学べます。

文章指導の本には、よく原文と添削済みの文とが並べて示されることがあります。正直言って、ただ見較べても、どこをどのように添削したのか分かりません。そんなときに、「逆添削」という方法があります。つまり、添削後の文章を見ながら、原文に添削されたことを赤ペンで書き込むのです。それによって、添削者と同じ添削作業を体験できます。

ここでは、宮沢賢治「銀河鉄道の夜」の一部にわたしが添削したものをご覧いただきます。この作品は、下書きのままで賢治が残したものを、のちに編集者が活字にして出版したものです。全体の構成も確定できないので、何通りかに編集されています

以下、上段に復元した添削、下段に添削済みの文章を少しずつ並べて行きます。赤ペンの書き込みから添削の過程を想像してお読みください。ジョバンニとカンパネルラの列車の旅が終わって、夢から覚めたジョバンニが驚いて立ち上がる場面です。

添削済み「銀河鉄道の夜」と添削図

そのときすうっと霧がはれかかりました。どこかへ行く街道らしく小さな電燈の一列についた通りがありました。それはしばらく線路に沿って進んでいました。そして二人がそのあかしの前を通って行くときはその小さな豆いろの火はちょうど挨拶でもするようにぽかっと消え二人が過ぎて行くときまた点くのでした。

ふりかえって見るとさっきの十字架はすっかり小さくなってしまいほんとうにもうそのまま胸にも吊されそうになり、さっきの女の子や青年たちがその前の白い渚にまだひざまずいているのかそれともどこか方角もわからないその天上へ行ったのかぼんやりして見分けられません

そのときすうっと霧がはれかかりました。小さな電燈が一列についた通りが、しばらく線路に沿って進みました。二人がそのあかしの前を通るときには、小さな豆いろの火は挨拶でもするようにぽかっと消え、二人が通り過ぎるとまた点くのでした。

ふりかえると、さっきの十字架はすっかり小さくなってしまい、そのまま胸にも吊されそうになりました。さっきの女の子や青年たちは白い渚にひざまずいているのか、方角もわからない天上へ行ったのか、ぼんやりとして見分けられませんでした。

でした。

ジョバンニはああと深く息しました。
「カムパネルラ、また僕たち二人きりになったね
え、どこまでもどこまでも一緒に行こう。僕は
もうあのさそりのようにほんとうにみんなの幸
のためならば僕のからだなんか百ぺん灼いても
かまわない。」
「うん。僕だってそうだ。」カムパネルラの眼に
はきれいな涙がうかんでいました。

「けれどもほんとうのさいわいは一体何だろう。」
ジョバンニが云いました。
「僕わからない。」カムパネルラがぼんやり云い
ました。

ジョバンニはああと深く息をしました。

「カムパネルラ、また僕たち二人きりになったねえ、どこまでもどこまでも一緒に行こう。僕は、あのさそりのように、みんなの幸のためならば、僕のからだなんか百ぺん灼いてもかまわない」

「うん。僕だってそうだ」

カムパネルラの眼にはきれいな涙がうかんでいました。


ジョバンニが云いました。

「けれども、ほんとうのさいわいとは一体何だろう」

カムパネルラがぼんやり云いました。

「僕、わからない」

「僕たち、しっかりやろうねえ」

「僕たちしっかりやろうねえ。」ジョバンニが胸いっぱい新らしい力が湧くようにふうと息をしながら云いました。

「あ、あすこ石炭袋だよ。そらの孔だよ。」カムパネルラが少しそっちを避けるようにしながら天の川のひとところを指さしました。ジョバンニはそっちを見てまるでぎくっとしてしまいました。天の川の一とこに大きなまっくらな孔がどほんとあいているのです。その底がどれほど深いかその奥に何があるかいくら眼をこすってのぞいてもなんにも見えずただ眼がしんしんと痛むのでした。ジョバンニが云いました。

「僕もうあんな大きな暗の中だってこわくない。

ジョバンニが胸いっぱいにふうと息をしながら云いました。

カムパネルラが天の川のひとところを指さしました。

「あ、あすこ石炭袋だよ。そらの孔だよ」

ジョバンニはぎくっとしました。大きなまっくらな孔がどおんとあいているのです。その底がどれほど深いか、その奥に何があるか、なんにも見えず、ただ眼がしんしんと痛むのでした。

ジョバンニは云いました。

「僕もう、あんな大きな暗《やみ》の中だってこわくない。

きっとみんなのほんとうのさいわいをさがしに行く。どこまでもどこまでも僕たち一緒に進んで行こう。」
「ああきっと行くよ。ああ、あすこの野原はなんてきれいだろう。みんな集ってるねえ。あすこがほんとうの天上なんだ。あっあすこにいるのぼくのお母さんだよ。」カムパネルラは俄かに窓の遠くに見えるきれいな野原を指して叫びました。

　ジョバンニもそっちを見ましたけれどもそこはぼんやり白くけむっているばかりどうしてもカムパネルラが云ったようには思われませんでした。何とも云えずさびしい気がしてぼんやりそっちを見ていましたら向うの河岸に二本の電信ばしらが丁度両方から腕を組んだように赤い腕木をつらねて立っていました。

きっと、みんなのほんとうのさいわいをさがしに行く。どこまでもどこまでも、僕たち一緒に進んで行こう」
「ああ、きっと行くよ。あれっ、あすこの野原はなんてきれいだろう。みんな集ってるねえ。あすこが、ほんとうの天上なんだ。あっ、あすこにいるの、ぼくのお母さんだよ」
　カムパネルラは俄かに、窓から遠く見える野原を指して叫びました。

　ジョバンニもそっちを見ましたけれども、そこはぼんやり白くけむるばかりで、カムパネルラの云うようには思われませんでした。何とも云えずさびしい気持でそっちを見ていると、向うの河岸に二本の電信ばしらが両方から腕を組むように赤い腕木をつらねて立っていました。

「カムパネルラ、僕たち一緒に行こうねえ。」ジョバンニが斯う云いながらふりかえって見ましたらそのいままでカムパネルラの座っていた席にもうカムパネルラの形は見えずただ黒いびろうどばかりひかっていました。ジョバンニはまるで鉄砲丸のように立ちあがりました。そして誰にも聞えないように窓の外へからだを乗り出して力いっぱいはげしく胸をうって叫びそれからもう咽喉いっぱい泣きだしました。もうそこらが一ぺんにまっくらになったように思いました。

ジョバンニは眼をひらきました。もとの丘の草の中につかれてねむっていたのでした。胸は何だかおかしく熱り頬にはつめたい涙がながれていました。

「カムパネルラ、僕たち一緒に行こうね」

ジョバンニがふりかえって見ると、その席にカムパネルラのすがたは見えず、ただ黒いびろうどばかりが光っていました。

ジョバンニはまるで鉄砲丸《だま》のように立ちあがりました。そして、窓の外へからだを乗り出して、力いっぱいはげしく胸をうって叫び、それから咽喉いっぱい泣きだしました。そこらが一ぺんにまっくらになったように感じました。

ジョバンニは眼をひらきました。もとの丘の草の中に、つかれてねむっていたのでした。何だか胸がおかしく熱り、頬にはつめたい涙がながれていました。

ジョバンニはばねのようにはね起きました。町はすっかりさっきの通りに下でたくさんの灯を綴ってはいましたがその光はなんだかさっきよりは熱したという風でした。そしてたったいま夢であるいた天の川もやっぱりさっきの通りに白くぼんやりかかりまっ黒な南の地平線の上では殊にけむったようになってその右には蠍座の赤い星がうつくしくきらめき、そらぜんたいの位置はそんなに変ってもいないようでした。
ジョバンニは一さんに丘を走って下りました。

ジョバンニは、ばねのようにはね起きました。町はさっきのまま、たくさんの灯を綴っていましたが、その光はなんだかさっきより熱いようでした。そして、たったいま夢で歩いた天の川も、さっきのまま白くぼんやりかかり、南のまっ黒い地平線の上では煙ったようになって、その右には蠍座の赤い星がうつくしくきらめいていました。空ぜんたいの位置は変っていないようでした。
ジョバンニは一さんに、丘を走って下りました。

どんな感想をお持ちでしょうか。添削をした文章は簡潔明瞭で読みやすくなっています。しかし、むずかしいのは、添削をすることで原文の味わいを失わないようにすることです。そこが添削者の腕の見せどころなのです。

付録

添削の基本原則のまとめ

【表記の原則】

文字の表記は原稿用紙のマス目が基準です。手ぢかの本と見比べながら原稿用紙をイメージしてください。

❶段落では改行して行頭は一文字下げる。意味のない改行はしない。

❷読点（、）句点（。）は一マスとする。カギ（「　」）も一マス、……と——とは、2マスとする。

❸カッコは「　」を原則とする。（　）〈　〉〃　〃などは使わない。？　！　の使用は最低限度にして、このあとには一マス空ける。

❹タテ書きの文章では漢数字、ヨコ書きの文章では算用数字を使う。

❺本来の意味のない形式名詞は仮名書きにする。

例　事、為、所、時、程、故、位

❻文体が、常体（である体）か、敬体（です・ます体）かに応じて文末を統一する。

❼意味のない当て字の漢字は使わない。

例　出来る↓できる（「出て来る」の意味はない）

❽二通りに読める漢字は仮名書きで区別する。

例　頃↓ころ／ごろ。等↓など／とう。良い↓よい／いい。他↓た／ほか。

❾漢字の使い分けによる意味の区別もできる。

例　ある↓有る／或る。という（伝聞的）／と言う（口に出す）

❿カタカナ語は日本語に直す。省略語は原語に戻して使う。英文字の省略語は原語を確かめる。

例　メリット↓長所、利点。コンビニ↓コンビニエンスストア。

⓫間違えやすい漢語は辞書で必ず確かめる。
例　意外―以外、大勢―多勢、的確―適確。

⓬動詞、形容詞の送りがなは、国語辞典で確かめる。
例　現れる、現われる

⓭送りがなのつけ方で読み仮名を区別することができる。
例　下る、下がる、下げる

⓮読みにくい漢字にはルビをつけるとよい。
例　語彙《ごい》、演繹法《えんえきほう》

⓯会話の「　」のつけ方は3通りある。会話の重要度によって書き分ける。（／は改行の意味）
例　①私は「……」と聞いた（埋め込み）。②私は、／「……」と聞いた（ト書き）。③私は、／「……」と、／聞いた（独立）。

【文への添削】
語句の使い方、テンの打ち方、文の組み立てなど。

⓰最大級の修飾語は必要最小限にする。
例　とても、非常に、最高に、大変、本当に、絶対（に）

⓱指示語の「これ、それ、あれ」は、具体的な名詞と対応するか考える。

⓲主語が省略された文では、前後の文から主語が見つかるかどうか調べて、書き加えるかどうか考える。

⓳長い連体修飾のついた部分は山カッコでくくって、それを受ける助詞で、どんな文素なのか確認する。
例　「が」は主文素、「を」は客文素、「に、と、へ、より、から」は補文素

⓴重文や複文の中では、能動文と受身文（れる／られる）を混ぜない。
例　「借りた本をボロボロにして返されたので私は友だちにうらまれた。」→「私が借りた本をボロボロにして返したので友だちがうらんだ。」

㉑受身文では、行為の主体を省略しても文脈から読み取れるようにする。
例　日本は原爆を落とされた。（主体＝米国に）

㉒二重否定の文は、原則として使わない。
例　△分からないわけではない。△ないでもない。
例「怪しい人物がいなかったかどうか」↓「怪しい人物がいたかどうか」

㉓長い修体文素のついた名詞句は、文のかたちに書き換えられる。
例「隣の魚屋からサンマをくわえて逃げたネコ」↓「ネコが隣の魚屋からサンマをくわえて逃げた。」

㉔主張は疑問文や否定文ではなく肯定文ですること。
例「それが正しいのではないでしょうか。」↓「それが正しい」。

㉕敬語では、謙譲よりも尊敬を基本とする。
例「ご乗車いただき」↓「ご乗車くださり」
例「おいでいただきありがとうございます。」↓「おいでくださりありがとうございます。」

㉖文の主述を対応させる。とくに名詞文がねじれやすい。
例「この問題は以前からいろいろ考える。」↓「この問題は以前からいろいろ考えられたことだ。」

㉗並立の「と」を落とさないで入れる。
例「私は大切なカバンと履き慣れた靴（と）を用意した。」

㉘主題を示す「……は」の前にある、助詞の「と」「で」「に」を落とさない。
例「今はまだ山田くん（に）は会っていない。」「この会社（で）はそんなやり方はしない。」

㉙重文のつなぎは中止形にしないで、できる限り接続助詞を使う。
例「私は外をながめ（て）、人がいないことを確かめた。」

㉚文頭では、接続語、トキ・トコロ、強調される修用文素のあとにはテンを打つ。
例「しかし（、）だれにも会わなかったのでだんだん寂しくなった。」「ある晩（、）兄が私の寝ているところへ来た。」「学校には（、）だれもいなかった。」

㉛重文の切れ目には原則としてテンを打つ。
例「都会へ出てから（、）私はまた仕事を始めた。」

㉜文頭の語句は「いつ・どこ・だれ」の順序で並べる。

例　「鴨川の河原に四、五日経った日、馬を進める男たちがいた。」↓「四、五日経った日、鴨川の河原に馬を進める男たちがいた。」

㉝内言（心の声）や間接話法の会話は自立できるかたちの文にする。『　』で示す。

例　紙型が痛んだということで新しく版を起こすことを申し出た。↓『紙型が痛んだので新しく版を起こしたい』と申し出た。

㉞〈　〉でくくった名詞句の内部をまとめるために、テンを外すことがある。

例　「現在は、「悪文時代」と呼ぶことが、ふさわしいのではないかと私には思われる。」↓「現在は「悪文時代」と呼ぶことがふさわしいのではないかと、私には思われる。」

㉟修体文素とまとめの名詞のあいだにテンを打たなくてすむような文構造にする。

例　「友だちにもらった、わたしの大切な本をなくしてしまった。」↓「わたしは友だちにもらった大切な本をなくしてしてしまった。」

㊱テンは閉じるカギの代わりに使わずに、文構造を示すために使う。

例　「そんなことは知らない、と言ったので私は腹が立った。」↓「そんなことは知らないと言ったので、私は腹が立った。」

㊲ある語句を次につなぐのではなく、先へつなげるときには、切りはなすテンを打つ。

例　「たしかに一つの進歩と言える。」↓「たしかに、一つの進歩と言える。」

㊳並立された「あるいは」「つまり」「いわゆる」のあとのテンは不要である。

例　「その現象は、共鳴、あるいは、共振というべきである。」↓「その現象は、共鳴、あるいは共振というべきである。」

㊴「ないし」「および」の前後にテンは不要である。

例　「日本の文化都市には、京都、ないし、大阪がある。」↓「日本の文化都市には、京都ないし大阪がある。」

㊵主文素や主題を示す「は」のあとのテンはふつうは

不要である。

例「私は、知人から譲り受けた一枚の絵画を所蔵している。」→「私は知人から譲り受けた一枚の絵画を所蔵している。」

㊶「なぜなら……から」のかたちの文では、接続語の「なぜなら」が削れる。

例「その日私は遅刻をしてしまった。（なぜなら）、二日酔いで朝寝坊したからだ。」

㊷文を並列する助詞「たり」は、すべてにつける。

例「二人で食事をしたり映画を見た。」→「二人で食事をしたり映画を見たりした。」

【文と文とのつながり】

接続語の使い方、文と文とのつながりなど。

㊸主語が交代したときには、新たな主語を書き込む。

例「父が弟にグローブを買ってくれた。（弟は）ずいぶん喜んだ。」

㊹場面が転換したときには、トキ・トコロの転換を示す語句を書き込む。

例「（それから三日たって）父がギターの練習を始めた。」「（田舎では）ウグイスが鳴き始めた。」

㊺接続助詞の「が」は、「しかし（逆接）」「それに対して（対比）」「ただし（条件）」の三通りに区別する。

㊻理論文では、主張の文のあとに「なぜなら」か「たとえば」で始まる文を加える。

例「朗読のときに背筋を伸ばすことは正しくない。なぜなら、声がうわずる危険があるからだ。」

例「対話のときに守るべき原則がある。たとえば、顔を相手の方向に向けることである。」

㊼理論文では理由づけの「なぜなら～から」の文に加えて、「というのは～から」という根拠づけの文を加える。

例「私は毎朝、ラジオ体操をしている。なぜなら、健康にいいからである。」→「私は毎朝、ラジオ体操をしている。なぜなら、健康にいいからである。というのは、医者いらずになったからである。」

㊽動詞に加えた、動作をイメージさせる補助動詞に注

意する。「〜てみる」「〜ておく」など。
例「私はその作品を手にとってながめてみた。」↓「私はその作品を手にとってながめた。」

㊾「ことができる」という言い回しは、可能動詞や可能の助動詞で簡略化できる。
例「鈴木さんは泳ぐことができる。」↓「鈴木さんは泳げる。」

㊿補助動詞の「ている」「ていた」は文をたるませる。状態が継続する意味に限って使う。
例「私は友人を見ていた。」↓「私は友人を見た。」

51テンは「首」と「くさび」とのあいだに打つ。「くさび」のつながりの中にはテンは打たない。
例「あなたが、聞いたことのすべては、必ずメモして、おきなさい。」↓「あなたが聞いたことのすべては、必ずメモしておきなさい。」

52ひらがなが重なって文の構造が読み取りにくい部分は漢字に直す。
例「私たちは、あらさがしを志したわけではない。」↓「私たちは粗探しを志したわけではない」

53「というもの」「のようなもの」は文の言い回しをたるませる。
例「日本語というものが正しく使われるようになるためには、日常の習慣が大切だ。」↓「日本語が正しく使われるためには、日常の習慣が大切だ。」

54裏返しの言い方で主張を表現しない。たとえば、「しないと……しない」は肯定の主張に書き直す。
例「毎日しっかり勉強しないと合格はできない。」↓「毎日しっかり勉強すると合格できる」。

55「〜を踏まえて」「〜の中に」「〜の上で」などは簡潔にする。
例「いろいろな体験をした中で考えたことがある。」↓「いろいろな体験をして考えたことがある。」

56指示語の「これ」「それ」は、書く時点か、経験の時点かによって書き分ける。
例「私はこれを記憶した。」↓「私はそれを記憶した。」

57二重に意味が取れる「ように」「ような」は、一つの意味になるようにする。

例①「僕のように才能がないと作家にはなれない。」
↓例②「僕のように才能があると作家になれる。」
↓例③「僕のように才能がないから君も作家にはなれない。」

58固い文体を柔らかくするには、スル名詞の漢語を和語の動詞に替える。

例「著述するために明治の文学作品を研究した。」
↓「本を書くために明治の文学作品を研究した。」

59文頭の語句の切れ目でテンが必要なときでも、語句の移動でテンが省ける。

例「本書では、できるだけ言語学上の用語の使用を避けた。」↓「本書では言語学上の用語の使用をできるだけ避けた。」

60スル名詞の漢語は、「を」をつけた「○○をする」と「○○する」とを使い分ける。

例「試験に合格するように努力をした。」↓「試験に合格をするように努力した。」

【段落と文章全体】

段落の構成と文章全体について。

61書き出しの一文では文のテーマを示して、文章全体のながれを予測できるようにする。

例　なめとこ山の熊のことならおもしろい。

62文学文では人物の動きを示す動詞は、動きが目に浮かぶ描写的な動詞を選ぶ。

例「弟が家に帰ってきた。」↓「弟が玄関に姿を現した。」

63文学文の会話には人物の心情が想像できる身ぶりや説明を加える。

例　母が「うるさいね」といった。↓母が笑顔で「うるさいね」といった。

64トキ・トコロを示す助詞「に」を落とさない。

例「友だちとあったとき〔に〕は大切な用事をすっかり忘れていた。」

65理論文では話し口調のひとりごと言葉を使わない。

例「会社の方針について、やっぱり部長の考えを聞くことにした。」→「会社の方針について、やはり部長の考えを聞くことにした。」

㊻段落と段落との関係は、段落のはじめにある接続語で確かめる。接続語がなければどんなものが入るか試してみる。

㊼段落の構成を見るためには、各段落に「小見出し」をつけてから声に出して読んでみる。

㊽結びの段落では、文章全体のテーマをくつがえすような内容を書き加えない。たいてい蛇足になる。

あとがき

文章の添削指導のために、インターネットで「文書通信添削講座」を始めたのは一九九三年のことでした。それから二十年以上、多くの人たちの文章を添削してきました。

大学生のとき、知人から詩集を贈呈されたことがあります。どんな詩を書いたのかと夢中になって読みました。意味の取れないところには、「ここはこういう意味だろうか」と考えてエンピツで書き込みをしました。その思いを語るのがむずかしくて、知人には書き込みのある詩集を見せました。そのとき、相手が詩集を開いて変な顔つきをしたのを覚えています。それがわたしの添削の原点です。

しかし、人の文章に添削することは、特別なことではないのです。文章というものは、一方から他方へと思想を伝達するものではありません。人は、書かれた文章をそのままなぞって記憶するわけではありません。文章を真剣に読むときには、二つのながれが起こります。文章のながれと自分の心のながれです。

読み手は相手に自分の波長を合わせようとします。お互いの波長がしだいに接近して行って、ある限界を越えたときに、「共鳴」という現象が起こります。しかし、人と人との波長は、決して同一にはなりません。それぞれ別の人格だからです。そこには微妙なズレが残ります。

読み手は相手の文章のながれと自分の心のながれとの差を確かめようとします。それでも、相手の言葉をそのまま受け止められずに、自分の言葉のうちで最も近い言葉に置き換えたり、自分なりの言い回しに翻訳せざるを得なくなります。そこで、ついに手にしたエンピツで書き込んでしまうというわけです。

文章に何の手も加えずに読むということは、「共鳴」からはるかに遠い位置にあります。それだけ、文章への関心、相手の思想への関心が低いということです。もしも皆さんが、しっかり文章を読もうと思うならば、ぜひ赤ペンを手にして添削をしながら読むことをおすすめします。

「情けは人の為ならず」ということわざは、添削にも通じます。添削をすることは、相手に対する親切心や、先生気分を味わおうとするおせっかいかと思われがちです。しかし、そうではありません。

添削は何よりも自分のためのものです。他人の文章に反応して動き出す自分の心のながれを確かめることです。それが添削の基礎にあります。外国語の翻訳をするときに、自国語の能力がなければできないというのと同じことです。それは文章を読むことを通じて行われるまさに自己認識なのです。

もっと広げて考えるなら、添削とは文化の継承です。日本文化としての日本語を日本人ひとりひとりが継承して発展させるための方法です。文章とは文化のかたちです。書かれた文章を保存しておくだけではいけません。日々生かして使うことによって文化となるのです。ひとりひとりが使いこなす日本語が文化であり、ひとりひとりの身についた日本語が文化なのです。

添削しながら文章を読むことは、日本語の歴史を検討することであり、日本の歴史を生きることでもあります。大げさに言うなら、添削という単純な作業には、日本語という日本の文化を受け継いで、次世代へ受け渡すという大きな使命があります。言語としての日本語を今後も活性化していくこと、そこに日本の文化の将来がかかっているのです。

最後になりましたが本書で扱った文法について詳しくご助言くださった獨協大学名誉教授・下川浩氏に心から感謝申し上げます。また、本の企画から割付けなどお世話くださった芸術新聞社の山田竜也さんと、面倒な図表の作成にお骨折りくださったデザイナーの美柑和俊さんと中田薫さんとに、心からお礼を申し上げます。

二〇一五年九月十一日

渡辺知明

参考にした文献（刊行年代順）

『文章心理学入門』波多野完治著　新潮社文庫　１９５３年
『第三版　悪文』岩渕悦太郎編著　日本評論社　１９６０年
『楽しくわかる日本文法』大久保忠利著　一光社　１９７６年
『コトバ学習事典』日本コトバの会編　一光社　１９９０年
『現代日本語構文法』下川浩著　三省堂　１９９３年
『分りやすい日本語の書き方』大隈秀夫　講談社　２００３年
『炎の作文塾』川村二郎著　朝日出版社　２００６年
『文章力の基本』阿部紘久著　日本実業出版社　２００９年
『コトバの力・伝え合いの力』下川浩著　えむ出版企画　２００９年
『朗読の教科書』渡辺知明著　パンローリング社　２０１２年
『作文の技術「伝わる文章」が書ける』外岡秀俊著　朝日新聞出版　２０１２年
『タテ書きはことばの景色をつくる』熊谷高幸著　新曜社　２０１３年

索引

あ行

か行

さ行

た行

著者経歴
わたなべ・ともあき
1952年群馬県桐生市生まれ。法政大学卒業後、日本コトバの会入会、コトバについての研究と指導を続ける。現在、コトバ表現研究所所長、日本コトバの会講師・事務局長。著書は『朗読の教科書』（パンローリング社）、『表現よみとは何か—朗読で楽しむ文学の世界』（明治図書出版）、『放し飼いの子育て—やる気と自立の教育論』（一光社）。編集に『コトバ学習事典』（一光社）、『大久保忠利著作選集3巻生きたコトバI話し・聞き』（三省堂）、『大久保忠利著作選集4巻生きたコトバII読み・書き』（三省堂）。

文章添削の教科書

2015年11月10日　初版第1刷発行
2024年9月13日　初版第6刷発行

著者——渡辺知明
発行者——相澤正夫
発行所——芸術新聞社
〒101-0052
東京都千代田区神田小川町2-3-12 神田小川町ビル
TEL　03-5280-9081
FAX　03-5280-9088
URL　http://www.gei-shin.co.jp

印刷・製本——シナノ印刷
デザイン——美柑和俊＋中田薫（MIKAN-DESIGN）

ISBN 978-4-87586-477-6 C0095